MEMOIRES DE L'ACADEMIE DES SCIENCES, &c.

MEMOIRES
DE L'ACADEMIE
DES SCIENCES,
INSCRIPTIONS, BELLES LETTRES,
BEAUX ARTS, &c.

Nouvellement établie à Troyes en Champagne.

Α'στέρες μὲν ἀμφὶ καλὰν Σελάναν
Α'ψ' ἀποκρύπτυσι φαεινὸν εἶδος,
Ὁπότ' ἂν πλήθοισα μάλιστα λάμπη γᾶν.

Saph. ap. Eustat.

TOME II.

A TROYES,
Chez le Libraire de l'Académie.

Et se trouve A PARIS,
Chez DUCHESNE, Libraire, rue saint Jacques,
au Temple du Goût.

MDCCLVI.

Cum nihil habemus majus, calamo ludimus.

Phædr. lib. 4. Fab. 1.

REFLEXIONS HISTORIQUES, CRITIQUES ET MORALES SUR UN PROVERBE,

Lues le 6 Avril 1744.

Par Mr. * * * l'un des ſept.

In promptu cauſa eſt .... Ovid. de Rem. amor. lib. I.

SOUVENT, Meſſieurs, une mauvaiſe plaiſanterie, autoriſée par la malignité, & recueillie avec empreſſement, parvient à paſſer pour une vérité conſtante ; c'eſt ainſi, que la plupart des mauvaiſes plaiſanteries de Boileau ſont devenues Proverbes en naiſſant.

Ne ſeroit-ce point de la même maniere que ſe ſeroient établis, & l'opinion de notre bêtiſe, & le Proverbe qui dit que *99 Moutons & un Champenois ſont* 100 bêtes ? *

Ce Proverbe, Meſſieurs, m'a toujours choqué, & je voudrois bien avoir aſſez d'eſprit, pour vous prouver par une Diſſertation en forme, qu'il eſt faux & ridicule dans toutes ſes parties. Au défaut des talens néceſſaires pour exécuter une entre-

* Ce Proverbe ſe trouve inſéré dans un impertinent Voyage de France, imprimé chez Saugrain en 1723, pag. 164.

priſe ſi difficile, je vous offrirai du moins quelques réflexions que ce ſujet m'a fournies.

Il m'a ſemblé d'abord, que le Proverbe n'attaquoit pas moins les Moutons que les Champenois; c'eſt pourquoi j'ai cru devoir diviſer mon Ouvrage en deux Parties.

La premiere Partie, qui aura pour objet les Moutons, me fournira deux Réflexions. J'examinerai 1°. ſi les Moutons ſont vraîment bêtes : 2°. Si les 99 qui figurent avec le Champenois doivent être de Champagne, ou ſi l'on peut les prendre indiſtinctement ailleurs.

La ſeconde Partie, qui aura pour objet les Champenois, me

fournira également deux Réflexions. Dans la premiere, j'examinerai les raisons qui ont pû donner lieu à l'opinion de notre bêtise : dans la seconde je prouverai que nous sommes gens d'esprit.

PREMIERE PARTIE.

Premiere Réflexion.

LEs Moutons sont-ils des bêtes ou non ? J'ai consulté sur cette épineuse question tous les bons Auteurs tant anciens que modernes, tant Grecs que Latins, tant prophanes qu'Ecclésiastiques ; mais la diversité de leurs sentimens n'a fait qu'augmenter mon embarras. En effet, si quelques-uns nous laissent entrevoir qu'on peut regarder le

Mouton comme le ſymbole de la douceur & de la bonté, d'autres, & c'eſt le plus grand nombre, décident ſéchement que le Mouton n'eſt qu'une bête. Sainte Hildegarde, *dans ſes Lettres*; S. Cyrille de Jeruſalem, *Inſtructions 9, 10 & 11*; le Pape Marc, *Lettre à S. Athanaſe*; S. François de Sales, *Epîtres ſpirituelles, l. 7 Ep. 1*; S. Jean Climaque, *Lettre au Paſteur*; S. Auguſtin, *ſur le Pſeaume 3*; S. Ambroiſe, *l. 2 de Caën & d'Abel*; Pline naturaliſte, *l.* 8, *c.* 45; le même, *l.* 18, *c.* 3; Elien, *Hiſtoire des Animaux*, *l.* 12, *c.* 40; Hérodote, *Calliope*, parlent aſſez avantageuſement des Moutons. Un Pontife célébre en avoit même si bonne opinion, que dans une de ses Constitutions, il croit que les faux Prophétes doivent emprunter la forme de ces animaux, pour gagner plus facilement notre confiance. Mais d'un autre côté Synesius, Evêque de Ptolémaïde, dans son *Eloge de la tête chauve*, dit qu'un animal est bête à proportion du poil qu'il a; à ce propos il cite les Moutons. Voilà contre eux un argument bien fort. Rabelais, *Pantagruel*, *l.* 4, *c.* 8, nous représente les Moutons comme des bêtes à qui la nature a refusé jusqu'à l'instinct qu'elle accorde à tous les animaux pour leur conservation. La Fontaine en pense de même,

Conte de l'Abbesse malade; Joseph, *contre Appion*; Ciceron, *l. 2 de la nature de Dieux*; Aristote, *de la nature des Animaux*; Aristophane dans la Comédie de *Plutus*, & dans *les Guèpes*; Plaute, dans la Comédie des *Bacchides*, traitent les Moutons encore plus mal. Les Grecs en général comparoient la vie des sots à la vie des Moutons, Προβατίου βίον ζῆν; & ils appelloient la stupidité, *un esprit de Mouton*, Προβάτων ἦθος.

Quel parti prendre au milieu de tant de contrariétés? oserois-je moi foible Pygmée décider entre tous ces grands Hommes? Non, Messieurs.

Non nostrum inter vos tantas componere lites. Virg. Egl. 3.

Et je crois que vous seuls pouvez être juges dans cette cause.

Deuxième Réflexion.

Mais en supposant que le Mouton ne soit qu'une bête, faut-il nécessairement, que les 99 qui figurent avec le Champenois soient de Champagne? Rabelais, dans son Pantagruel, livre 4, chap. 7, voulant dire à Panurge qu'il est une bête, le met dans la balance avec un Mouton. Voilà donc le Mouton d'un côté & Panurge de l'autre; cela fait bête pour bête, la partie est égale. Si l'Auteur de notre Proverbe en avoit usé avec autant d'équité, je croirois, en entrant dans l'esprit de sa comparaison, qu'il faudroit nécessairement, pour rendre toutes choses égales, que le Mouton fût Champenois; mais ayant mis d'un côté un Champenois tout ſeul, & de l'autre 99 Moutons, il eſt évident que la ſomme de bêtiſe doit l'emporter du côté des Moutons. Je penſe donc, Meſſieurs, quoique ce ne ſoit pas votre ſentiment, que pour rapprocher cette propoſition de ſa juſte valeur, il n'y auroit pas grand inconvenient à gliſſer quelques Moutons étrangers parmi nos 99. *

* Pourvû néanmoins que ce ne ſoit pas de ces Moutons d'Arabie dont parle Hérodote, *lib.* 3, qui ont la queue longue de 3 coudées.

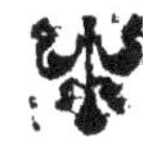

SECONDE PARTIE.

Premiere Réflexion.

SI l'on ne considére que le stile du Proverbe, on croira que l'opinion de notre bêtise est nouvelle. Il est cependant certain que cette opinion est très-ancienne ; ce qui le prouve, c'est que, dans une infinité de bons Livres anciens, nous nous voyons prodiguer les épithétes de *Sots*, de *Balourds*, de *Lourdiers*, &c. comme des titres qui nous appartenoient déja depuis long-tems.

Contes de la Reine de Nav. Nouvelles de Louis XI, &c.

Mais qu'est-ce qui peut avoir donné lieu à cette opinion ? beaucoup de choses selon moi. Premierement la ressemblance de notre nom avec celui des anciens Campaniens, *Campani*: * d'ailleurs on dit communément d'un ſot, qu'il ne fait point d'héréſie. Or nos Compatriotes n'en ont jamais ni fait ni ſouffert: témoin leur attachement à la Ligue, juſqu'à l'abjuration de Henry IV, témoin encore l'eſclandre qu'ils firent à leur Evêque Carraciol de Melphes, lorſqu'il s'aviſa de leur prêcher des Héréſies, tant dans ſon Egliſe, que dans le Marché aux Cochons. Mais pour en venir à des faits plus poſitifs, ne faut-il pas avouer que la Champagne eſt en état de mettre ſur pied un plus grand nombrede ſots qu'aucune

Deſguerrois, *pag.* 421.

* Les Campaniens paſſoient pour des ſots. Voy. Alexand. *ab* alex. *lib.* 4, *cap.* 13.

autre Province ; que de tout tems elle en a fourni beaucoup à l'Etat ; que quelques-uns d'entre eux se sont distingués de maniere qu'on a cru que leurs dits & gestes devoient être transmis à la postérité ? Combien d'exemples n'en trouve-t-on pas dans ces Chroniques sincéres, connues sous le nom de *Contes de la Reine de Navarre*, *des cent nouvelles nouvelles*, *&c.* La bonne Alix, qui, pendant l'absence de son mari, faisoit faire des oreilles à l'enfant qu'elle portoit, n'étoit-elle pas du pays Champenois ? n'avons-nous pas eu un Blaise Gaulard, homme plus rare dans son espéce que tous les héros de la Grece & de Rome, & d'au-

Voy. *Nouv.* 20. 75. *&c.*

Voy. La-font.

Hist. de Bla. Gaul. par le Noble.

tant plus heureux, qu'il a trouvé dans ſa Patrie un Hiſtorien digne de lui ? Enfin, dans le tems que les Jeſuites voulurent s'établir à Troyes, ne ſommes-nous pas convenus nous-mêmes que nous étions des bêtes, lorſque les Députés que nous avions envoyés au Roi, lui repréſenterent que toute terre n'étoit pas propre à porter toute ſorte de fruits : *Non omnis fert omnia tellus*, & que le terroir de Champagne ne valoit rien pour l'eſprit ?

Mercure de France de Richer.

Deuxiéme Réflexion.

Mais au lieu de juger de la Champagne par tous ces faits déſavantageux, n'auroit-on pas dû au contraire l'enviſager charitablement par les traits qui lui font honneur. Le P. Binet, dans la vie de S. Aderald, ne nous a-t-il pas rendu une justice bien flatteuse quand il fait dire à son Saint que la ville de Troyes *est pleine de bons esprits & de langues bien pendues*. Si la Champagne a fourni beaucoup de sots, n'a-t-elle pas vû naître de grands Hommes? Les Boucherats, les Colberts, les Girardons, les Mignards, les Camusats, les le Cointes, les Pithous, les Témiseuils, les Passerats, les Lafontaines, & tant d'autres qui ont illustré leur Patrie & la France, étoient-ils donc des bêtes? en sommes-nous, Messieurs, nous qui composons cette brillante Académie? Mais, nous dit-on, vous êtes bons : nous ne di-

pag. 132.

ſons pas le contraire. Parce qu'on eſt bon, eſt-il dit qu'on ſoit bête; ou parce qu'on a de l'eſprit, faut-il qu'on ſoit méchant? la bêtiſe & la bonté ſont-elles donc des qualités abſolument inſéparables? l'expérience ne fait-elle pas voir au contraire que preſque tous les ſots ne valent rien? Un fameux Auteur de ce ſiécle n'a-t-il pas démontré que jamais un ſot ne fut honnête homme, *& que de tout mal ſottiſe eſt le vrai Type*. Sans entrer donc dans un plus grand détail, concluons avec ce grand Homme, que qui dit méchant dit ſot; que par la raiſon contraire, qui dit bon homme, dit homme d'eſprit; que par conſéquent, nous & nos

Rouff. Ep. *à* Clem. Marot.

Compatriotes nous sommes gens d'esprit, & que c'est l'Auteur du Proverbe qui est une bête.

Miranturque novas frondes, & non sua poma.
Virg. Georg. l. 2.

PROJET

PROJET D'UN VOYAGE EN ESPAGNE.

NOus ne donnerons le mémoire suivant que par extrait. Ce n'est pas qu'il soit inférieur à ceux que nous publions en entier; mais la nature du sujet avoit exigé de l'Auteur beaucoup de détails, qui nécessaires dans l'intérieur de notre Académie, n'auroient pas eu peut-être le même mérite aux yeux du Public.

PROJET D'UN VOYAGE EN ESPAGNE,

Pour conſtater un fait important de l'Hiſtoire du Chevalier Don-Quichotte.

Lû dans l'Académie le 10 *Mai* 1744.

Par M. *** l'un des ſept.

Ambulat & ſubitò mirantur funus amici.
Propert. l. 2. El. 1.

CE fait eſt la mort du Berger Chryſoſtôme, qui mourut d'amour pour la belle Marcelle. *Don Quich. liv.* 2, *Chap.*

12 & 13. " C'eſt une choſe dé-
„ plorable, dit notre Académi-
„ cien, que de voir à quel ex-
„ cès eſt porté parmi nous l'eſ-
„ prit de legéreté & de plai-
„ ſanterie. Les opinions les plus
„ reſpectables, les ſentimens les
„ plus accrédités en ont éprou-
„ vé les outrages. L'amour mê-
„ me, ce ſentiment qui chez
„ les Anciens étoit regardé com-
„ me la ſource de toutes les
„ vertus ne paroît plus dans nos
„ converſations que comme un
„ ſujet de plaiſanterie. Ses ef-
„ fets les plus admirables ou
„ ſont traités de chimères, ou
„ ſont tournés en ridicule; &
„ il n'eſt pas rare de trouver des
„ gens, qui, du plus grand ſens-

Vide Platon. in ſympoſiac. & Plutarch. in Erotic.

„ froid du monde, vous assu-
„ rent qu'on n'en meurt point.

„ On a beau leur représen-
„ ter que, dans les extraits de
„ Constantin Porphyrogénete, *Const. Porphyr. collect. pag. 439.*
„ on trouve un Prince Méde,
„ nommé Stryangée, qui mou-
„ rant d'amour pour la Reine
„ Zarine, se tua pour sortir plus
„ vîte d'embarras; que le Prince *Plut. Demetr.*
„ Antiochus en seroit mort, si
„ le Roi son pere ne lui avoit
„ pas cédé Stratonice; que chez
„ les Romains, il étoit tout or-
„ dinaire qu'on en mourût,
„ comme nous le voyons dans
„ Properce; & qu'enfin, sans *Prop. l. 2. El. 1.*
„ sortir de notre siécle, nous
„ connoissons beaucoup de jeu-
„ nes gens, qui sans doute ne

„ vivroient plus, ſi des beautés „ compatiſſantes n'avoient pris „ ſoin de conſerver leurs jours. „ Rien ne peut en impoſer à „ nos Pyrrhóniens indociles. „ Exemples anciens ou moder- „ nes, ils les rejettent tous : „ les anciens, comme trop éloi- „ gnés, les modernes, comme „ n'étant point aſſez publics. „ Tant il eſt vrai qu'il entre beau- „ coup de mauvaiſe foi dans leur „ incrédulité !

„ Cependant, continue notre „ Académicien, il ſeroit impor- „ tant d'oppoſer une barriére à „ cet eſprit contagieux de plaiſan- „ terie & d'incrédulité. On y réuſ- „ ſiroit peut-être ſi l'on pouvoit „ découvrir un fait qui ne fût

„ ni trop éloigné ni trop pro-
„ che de nous ; qui rapporté par
„ un Historien recommandable,
„ pût recevoir d'ailleurs le plus
„ haut dégré d'évidence, tant
„ par la commune renommée
„ du pays, que par des titres
„ en bonne forme, émanés des
„ Archives publiques, & je
„ crois avoir trouvé tous ces
„ caractères dans la mort du
„ Berger Chrysostôme.

„ Cette mort est d'autant plus
„ frappante, qu'elle n'a point
„ été éprouvée par un homme
„ du vulgaire. Chrysostôme étoit
„ un homme de Lettres & un
„ sçavant, qui certainement ne
„ se seroit point laissé mourir
„ d'amour, s'il n'avoit eu de bon-

„ nes raiſons pour cela. Son
„ hiſtoire, qui n'a pas 200
„ ans de date, fut d'abord écrite
„ en Arabe par Cid-hamet Be-
„ nengeli, dont on peut voir l'é-
„ loge au chapitre IX de l'Hiſto-
„ rien Caſtillan. Ce dernier lui-
„ même n'eſt point un conteur de
„ Fables; c'eſt un homme inſ-
„ truit dans l'école du malheur,
„ & qui n'a point envie de rire.*
„ Enfin ce fait, outre la preuve
„ hiſtorique qu'il a pardevers
„ ſoi, eſt ſuſceptible des preu-
„ ves juridiques les plus com-
„ plettes, tant par témoins que
„ par écrit; pour les lui procu-
„ rer, il n'eſt queſtion que de

* Il étoit Soldat, pauvre & manchot.

„ faire un voyage sur les lieux.

Après avoir démontré l'utilité de ce Voyage, soit par rapport à la morale, soit par rapport à l'histoire, l'Académicien continue en ces termes: “ Rien n'est „ plus propre à faire honneur „ à notre Académie. Ce voya- „ ge est dans le goût de celui „ qu'entreprirent les premiers „ heros de la Gréce, pour con- „ querir la Toison d'Or, qui en „ valoit bien moins la peine. Il „ ressemble encore plus au voya- „ ge que des sçavans ont fait „ depuis peu aux deux extré- „ mités de la terre, pour en „ déterminer la figure. Tout l'u- „ nivers sçavant s'est réuni pour „ applaudir à leur entreprise.

„ Soyons sûrs que la nôtre n'au-
„ ra pas moins d'approbateurs ;
„ peut-être même en aura-t-el-
„ le davantage. Au moins suis-
„ je persuadé, & je le dis sans
„ vouloir attaquer personne, que
„ la découverte d'une vérité his-
„ torique vaut bien celle d'u-
„ ne vérité physique ou mathé-
„ matique.

„ Mais avant que d'entrepren-
„ dre ce voyage il est à propos,
„ dit notre Auteur, de faire
„ quelques observations sur deux
„ points, l'un de Géographie,
„ l'autre de Chronologie, qu'il
„ est important d'éclaircir ; je
„ veux dire sur le lieu & l'année
„ où mourut le Berger Chry-
„ sostôme.

„ Autant qu'on peut conjecturer, en rapprochant divers passages de Cervantes, le Village où mourut Chrysostôme étoit à l'entrée des montagnes, à peu de distance du Port Lapice. Mais quel étoit précisément ce Village? C'est ce qu'on ne peut déterminer que quand on sera sur les lieux. Cervantes écrivoit l'histoire en Philosophe; il n'y regardoit comme essentiel que ce qui pouvoit avoir rapport aux mœurs; il a négligé tout le reste, & sur-tout la Géographie. Voilà pourquoi il ne nous apprend pas même le lieu où demeuroit Don Quichotte. C'étoit, dit-il, dans

Lib. 1. c. 8. & lib. 2. c. 9.

„ un Village de la Manche dont
Part. I. l. I. c. I. „ le nom ne me revient pas, *en*
„ *un lugar de la Mancha de cuyo*
„ *nombre no quiero accordarme.*
„ Mais incontinent après il nous
„ remet ſur la voye, en nous
„ apprenant que la Princeſſe
„ Dulcinée étoit d'un Village
„ voiſin qui ſe nommoit le To-
„ boſo.

„ Voici donc la maniere dont
„ je crois que l'Académicien
„ voyageur doit diriger ſa mar-
„ che. Il faut d'abord qu'il aille
„ directement dans la Manche,
„ & au Village du Toboſo. Il
„ eſt impoſſible qu'on y ait per-
„ du la mémoire d'une Dame
„ auſſi conſidérable que la Prin-
„ ceſſe Dulcinée. On s'y ſou-

„ viendra parconséquent du
„ Chevalier Don Quichotte,
„ de tout ce qu'il a fait pour
„ la Princesse; & l'on sçaura
„ précisément le Village où il
„ faisoit sa résidence.

„ Du Toboso, l'Académicien
„ passera au Village de Don
„ Quichotte. Là il puisera de
„ nouvelles lumieres, soit dans
„ la famille même du Cheva-
„ lier,* soit dans celle de San-
„ cho-Pança son Ecuyer, soit
„ enfin dans la conversation des
„ habitans du lieu. Il seroit bien
„ étonnant que parmi tant de

*Lors de sa premiere sortie, sa Niéce n'avoit pas 20 ans. Elle étoit encore, lorsqu'il mourut, fort en âge de se marier; & il est vraisemblable qu'elle a laissé postérité.

„ personnes qui ont été à portée
„ d'être instruites, il ne s'en
„ trouvât pas quelqu'une à qui
„ le nom du Village où mou-
„ rut Chrysostôme fut resté dans
„ la mémoire. Notre Académi-
„ cien se transportera tout de
„ suite dans ce Village. Il y le-
„ vera une expédition du Tes-
„ tament de Chrysostôme, par
„ lequel, après avoir expliqué
„ les causes de sa mort, il insti-
„ tue la belle Marcelle pour sa
„ légatrice universelle. Il inter-
„ rogera les gens du pays &
„ fera dresser un procès-verbal
„ de leurs réponses. Ensuite il
„ ira à la Fontaine du Cormier,
„ auprès de laquelle Chrysostô-
„ me fut enterré; il tâchera d'y

„ découvrir l'Epitaphe qu'Am-
„ broiſe fit graver pour ſon ami,
„ & il en prendra une copie
„ figurée.

„ A l'égard du point de Chro-
„ nologie, continue l'Auteur, je
„ crois dès à préſent pouvoir le fi-
„ xer. Il eſt vrai que Cervantes n'a
„ pas été plus attentif à marquer
„ les dates que les noms de lieux;
„ que même il eſt tombé dans quel-
„ ques Anachroniſmes, comme *Vida de*
„ l'ont remarqué Don Gregorio *mig. Cerv. n.* 101.
„ Mayans i Siſcar, & le ſçavant
„ Auteur du Dialogue des Lan- *Dial. de*
„ gues : mais il a ſoin de temps *las Leng. p.* 161.
„ en temps de citer des épo-
„ ques frappantes ſur leſquelles
„ on peut ſe régler. De cette *Part.* 2.
„ nature eſt l'hiſtoire de l'Eſcla- *l.* 4. *c.* 37.

„ ve qui arrive dans une hôtel-
„ lerie avec la belle Morisque.
„ Il nous apprend qu'il avoit été
Ibid. c. 39. „ pris par les Turcs à la Batail-
„ le de Lépante," qui se donna
„ le 7 Octobre 1571 : * il resta

* Don Gregorio Mayans i Siscar met cette Bataille en 1572, au moins dans l'édition dont je me sers, qui est celle de 1744 à la Haye. Notre Académicien a mieux aimé suivre le Texte de Cervantes, qui s'accorde sur ce point avec le plus grand nombre des Historiens. Il s'est trouvé dans la nécessité d'appuyer sur le même Texte toutes les discussions chronologiques qui concernent les Vice-Rois d'Alger. Depuis Chéredin Barberousse, qui mit ce Royaume sous la protection du Grand-Seigneur, l'histoire d'Alger est dans une confusion déplorable. Elle n'offre rien de suivi, même dans les Historiens Arabes. Cela prouve d'autant plus combien l'histoire de Don Quichotte est importante pour éclaircir l'Histoire universelle.

„ ſur les Galeres de Conſtanti-
„ nople juſqu'à la fin de 1574 que
„ mourut Uchali-Fartax, ſon pre-
„ mier Patron; * il paſſa enſuite
„ au ſervice d'Azanaga, qu'il ſui-
„ vit en 1579 à Alger, ** où il ne

* Ce fameux Renégat qui fut Vice-Roi d'Alger, & à qui le Pape Pie V vouloit former une Principauté en Italie, pour l'engager à rentrer dans le ſein de l'Egliſe, mourut peu de mois après la priſe de la Goulette, *y de allì a pocos meſes muriò mi amo el Uchali*; parconſéquent ce fut à la fin de l'année 1574. C'eſt une date qu'on ignoroit en Europe, faute d'avoir fait attention au Texte de Cervantes.

** Azanaga fut Vice-Roi d'Alger: *y llegò à ſer muy rico, y à Ser-Rey de Argèl.* Il fut nommé à cette Vice-Royauté en 1579. Voici comme je le prouve. Don Pedro d'Aguilar, gentilhomme d'Andalouſie, avoit été fait eſclave à la priſe de la Goulette en 1574. Il ſe ſauva de Conſtantinople & revint en Eſpagne deux ans

„ paroît pas qu'il ſoit reſté plus d'un „ an. Ainſi ſon retour en Eſpagne „ doit tomber à l'an 1580, vers „ la fin de l'été. Voilà préciſé- „ ment l'époque de la mort de „ Chryſoſtôme qui avoit été en- „ terré peu de temps auparavant.

„ Or depuis 1580, juſqu'à la „ préſente année 1744, il ne s'eſt „ écoulé qu'environ 164 ans; en „ comptant, à la maniere d'Hero- „ dote, trois générations pour cent „ ans, cet eſpace ne fait guères „ que cinq générations. Il eſt „ donc clair qu'on trouvera dans

après, c'eſt-à-dire en 1576. Lorſqu'on raconte ſon Hiſtoire il étoit marié & avoit trois enfans; je mets pour tout cela 4 ans qui nous conduiſent à l'an 1580. Azanaga avoit été nommé Vice-Roi d'Alger l'année précédente, c'étoit donc en 1579.

„ le pays plusieurs vieillards,
„ dont le quatriéme ou cinquié-
„ me ayeul aura pû vivre avec
„ le Berger Chrysostôme, &
„ en aura transmis l'histoire à
„ sa postérité. Ainsi la vérité
„ qui n'aura passé que par cinq
„ ou six bouches, doit dans
„ celle de ces Vieillards se trou-
„ ver encore saine & entiere.

Outre l'objet principal de ce voyage, l'Auteur en propose un autre qui ne seroit guères moins utile.

„ Pendant qu'on sera sur les
„ lieux, dit-il, ne pourroit-on
„ pas, en conférant l'Historien
„ Castillan, non-seulement avec
„ la tradition du pays, mais en-
„ core avec le Texte original

„ de Cid-Hamet Benengeli, * dresser, 1° un Itineraire de Don Quichotte, „ où l'on marqueroit exactement les routes qu'il a tenues, „ & les lieux où il a été ; 2° de „ bonnes Tables Chronologiques où chaque fait seroit rangé sous sa véritable date.

„ Ce travail bien exécuté jetteroit une grande lumiere sur „ toute l'histoire du heros de la „ Manche. Il nous mettroit en „ état d'en donner une édition „ bien supérieure à toutes celles qui ont paru. Nous pour-

* Ce Texte n'a jamais été imprimé. Le Manuscrit doit être dans la Bibliothéque de l'Escurial. Si l'on pouvoit en avoir une copie, ce seroit un vrai présent à faire au Public.

„ rions même y joindre une „ nouvelle version françoise. Car „ quoique celle de l'Abbé de „ S. Martin, qui est entre les „ mains de tout le monde, soit „ agréable, elle n'est pas tou- „ jours fidéle & l'on y trouve „ des omissions importantes. On „ ne voit pas, par exemple, à „ quel propos le Traducteur a „ supprimé les bonnes disposi- „ tions où mourut le Chevalier, „ après avoir reçu tous ses Sa- „ cremens, *Despues de recibidos* „ *todos los Sacramentos*, chose, „ dit l'Historien, qui n'étoit ar- „ rivée avant lui à aucun Che- „ valier errant.

Nous bornerons ici notre extrait, le reste du mémoire ne

contenant que des détails œconomiques ſur la dépenſe du voyage. Nous ajouterons ſeulement que la Compagnie adopta le projet de l'Académicien, & que d'un conſentement unanime, l'Auteur fut choiſi pour l'exécuter.

Converſique oculos interſe atque ora tenebant.
Virg. Æneïd.

Nota. Ce Projet n'a point eu lieu, la Compagnie s'étant trouvé diſperſée avant le temps de l'exécution.

DISSERTATION

SUR L'USAGE

DE BATTRE SA MAITRESSE.

LA Compagnie avoit été informée que les Gens du monde & les Femmes n'avoient point approuvé, dans le premier volume de ses Mémoires, le choix des sujets. Elle chargea un Académicien, connu par sa galanterie, de choisir dans l'Antiquité quelque sujet assez noble, pour nous réconcilier avec la portion du Public la plus aimable; il proposa l'usage de battre sa Maîtresse qui nous parut du meilleur ton, & qui fut agréé tout d'une voix. Il a rempli supérieurement notre objet dans la Dissertation suivante, où nous osons dire qu'il donne un nouveau prix au sujet même, par la maniere de le traiter. Materiem superat opus.

AVERTISSEMENT DE L'AUTEUR

DE LA DISSERTATION SUIVANTE.

LE ſujet qu'on s'eſt propoſé de traiter dans cette Diſſertation eſt l'uſage de battre ſa Maîtreſſe, & non l'uſage de la tuer. Voilà pourquoi on n'y a point fait mention ni de Dinias qui, dans Epheſe, tua ſa Maîtreſſe à coups de bâton; ni d'Octavius Sagitta, qui, ayant couché avec Pontia, la poignarda parce qu'elle ne vouloit pas l'épouſer; ni enfin de ce que les Romains appelloient le plaiſir de l'occiſion : cruauté, qui, ſelon l'Abbé de S. Real, avoit pour motif de

Lucian. Toxaris, ſive de Amicit.

Tacit. annal. lib. 13. c. 44.

S. Real. T. 2. Réfl. ſur les Femmes.

s'assurer qu'on n'auroit point de successeur dans la possession de la personne aimée.

On ne condamne point ces différens procédés, puisque l'amour en est le principe; mais on ne conseilleroit à personne de les imiter. On n'a voulu présenter dans cette Dissertation que des exemples d'usage, & qui ne fortissent point des bornes de la belle Galanterie.

On a rejetté en notes toutes les discussions, qui placées dans le discours, en auroient interrompu le fil ou rallenti la chaleur. Les Sçavans qui voudront consulter ces notes, les trouveront séparément à la suite de la Dissertation.

DISSERTATION

SUR L'USAGE

DE BATTRE SA MAITRESSE.

.... *Irâ mistus abundat amor.* Ovid. Heroid. Hypsyp. Jason.

BAttre ce qu'on aime est l'effet le plus naturel de tout sentiment d'affection. *Aimer & battre ne sont qu'une même chose*, dit, dans Aristophane, un Disciple de Socrate. Les anciens Rois Parthes faisoient déchirer à coups de verges ceux de leurs Courtisans qu'ils honoroient de leur faveur. Il y avoit à

Aristoph. nub. Act. 5. Sc. 4.

Athen. Deipn. l. 4. p. 152.

Lacédémone un Autel autour duquel on assembloit chaque année toute la jeunesse de l'un & de l'autre sexe ; là les jeunes filles souffletoient les jeunes garçons pour leur inspirer le desir de devenir Epoux.

Ibid. l. 13. p. 559.

L'amour, ce sentiment si supérieur à tous ceux dont notre ame est capable, auroit-il moins de délicatesse que la tendresse paternelle & filiale, dont le Poëte a voulu parler ; que la tendre amitié dont faisoient profession les Rois Parthes ; & que ce sentiment, froid puisqu'il est raisonnable, qui nous porte à nous reproduire dans des embrassemens légitimes ? Un tel paradoxe est insoutenable.

Cependant, par une inconsidération qui n'est que trop commune dans le monde, on condamne tous les jours les Amans qui battent leurs Maîtresses; comme si ce procédé avoit quelque chose d'irrégulier, & qu'ils ne suivissent point en cela le cri de la nature & de l'amour.

Je me suis proposé d'attaquer ce faux jugement dans la Dissertation que j'ai l'honneur de vous présenter & qui sera divisée en trois Parties.

J'établirai dans la premiere, qu'il est de la bienséance de battre ce qu'on aime, & que rien ne produit de si bons effets.

Dans la seconde, que les Grecs ont battu leurs Maîtresses,

& que les Romains en ont fait autant.

Dans la troisiéme, qu'on n'a battu sa Maîtresse que dans les siécles polis.

PREMIERE PARTIE.

Il est de la bienséance de battre ce qu'on aime, & rien ne produit de si bons effets.

IL faut faire une grande différence entre les bienséances du monde & les bienséances de l'amour. Ce qu'on entend par bienséance n'est autre chose que la maniere d'être la plus convenable à l'état de chacun. Or autant il sied à un homme sans amour de conserver une ame égale, & sur-tout de respecter les Femmes, autant cette égalité d'ame & ce respect seroient-ils déplacés de la part d'un Amant.

Le trouble, l'inquiétude, la fureur, l'emportement, voilà les qualités qui conviennent à son ame. Plus un Amant extravague plus il a l'esprit de son état, plus il a de titres pour plaire. Et quelle Femme un peu délicate seroit flattée d'un hommage où la raison présideroit? C'est pour cela qu'on a dit anciennement qu'il n'étoit pas permis, même aux Dieux, d'être à la fois amoureux & sages. C'est aussi ce qui a fait dire à l'Auteur des Réflexions morales, qui con-

Publ. syri. fragm.

Réflex. Moral. n. 353.

noissoit bien le cœur & le monde, qu'un honnête homme ne peut être amoureux comme un sot, mais qu'il peut l'être comme un fou.

Autant la folie est nécessaire à l'ame, autant le défaut de respect l'est dans le procédé. Je ne m'arrêterai point à prouver combien il est doux d'en manquer ; quel homme est assez malheureux pour ne l'avoir jamais éprouvé ! Mais à considérer la chose dans son principe, pourquoi un Amant respecteroit-il sa Maîtresse ? Si, comme tout le monde en convient, l'amour peut égaler le sceptre & la houlette, à plus forte raison peut-il effacer cette légére différence que l'usage poli

poli met entre les deux sexes.

D'ailleurs, entre Amans, on ne doit avoir rien de caché l'un pour l'autre ; on doit mutuellement se faire part de tous les mouvemens qu'on éprouve, de quelque nature qu'ils soient. Les affoiblir par la maniere de les rendre, c'est dissimulation, c'est perfidie.

Mais je veux convaincre mes contradicteurs par le témoignage de leur propre conscience. Je demanderai donc à ceux d'entre eux qui ont aimé, si, lorsqu'ils étoient mécontens de leur Maîtresse, ils n'ont pas été quelquefois tentés de la battre ; si du moins ils ne lui ont pas dit souvent des impertinences. Je défie qu'aucun me nie le fait. Or maltraiter une Femme de paroles, ou porter la main sur elle, ce sont deux procédés également contraires à ce qu'on appelle les bienséances du monde : tous deux partent du même principe. Si donc il y a quelque dlfférence, il faut convenir qu'elle n'est pas à l'honneur des Amans qui n'ont point battu : doués d'une ame plus parfaite, ils auroient été capables d'un sentiment plus vif, & ne s'en seroient pas tenus à de simples impertinences.

Je dirai plus. Quand même on ne seroit point amoureux, dès qu'on se prête aux bontés d'une Femme, il est de la bienséance de ne lui point épargner les coups. La raison en est simple. Après aimer tendrement la personne qui nous aime, le meilleur procédé qu'on puisse avoir pour elle est de la bien tromper ; & comment la tromper mieux qu'en lui prodiguant les démonstrations de l'amour le plus vif & le plus délicat ?

J'aimerois même assez qu'en pareil cas on la battit un peu plus que si véritablement on l'aimoit ; j'ai remarqué que dans tout sentiment qu'on veut feindre, on ne rend bien la verité qu'en la chargeant un peu.

Ce qu'il y a de certain, c'est que quiconque en useroit autrement seroit d'autant plus condamnable, que de toutes les preuves d'amour auxquelles peut s'attendre une Femme, qui se croit aimée, c'est la plus facile à lui donner.

Je ne pense pas que personne me dispute les avantages de cette méthode. Depuis qu'on a réflechi sur l'amour on est universellement convenu que les querelles des Amans sont une des armes les plus puissantes de ce Dieu. Homére n'auroit pas manqué de les placer dans la ceinture de Venus, si l'amour dans son siécle eut été mieux connu. Le Tasse en a paré la ceinture d'Armide, & Térence avant lui nous avoit assuré qu'elles renouvellent l'amour.

Gierusal. lib. cant. 16.

Andr. Act. 3. Sc. 3.

Si de simples querelles produisent de si bon effets, combien doivent-elles en produire de meilleurs quand elle sont portées jusqu'aux coups ?

Plus une Femme est révoltée dans l'instant qu'on la bat, plus elle est agréablement surprise quand on lui fait appercevoir autant de preuves d'amour dans les outrages qu'elle a reçus. Plus elle regardoit avec horreur le furieux qui la frappoit, plus elle est profondément attendrie, quand elle ne voit plus en lui qu'un adorateur jaloux, qu'un Amant éperdu.

Ce procédé seul est capable & de prouver le grand amour, & de l'imprimer dans un cœur

Prop. lib. 3. El. 6.

où l'on veut regner sans réserve: Où seroit la gloire de plaire, si l'on n'avoit pour la personne aimée que de bons procédés?

Art. Amat. lib. 3. v. 605. C'est pour cela qu'Ovide conseille aux Femmes d'égratigner leurs Amans, sur-tout quand ils se piquent d'être beaux. C'est par *Auson. Ep. 77.* la même raison qu'Ausone, dans le tableau qu'il fait d'une Maîtresse accomplie, exige entr'autres qualités qu'elle sache recevoir des coups & en donner, & qu'après avoir été bien battue, elle aille embrasser son Amant. C'est enfin pour cela que Properce aima Cynthie éperduement, & qu'il n'aima jamais qu'elle: *Lib. 3. El. 6. & lib. 4. El. 8.* elle étoit vieille & n'étoit pas jolie, mais elle le battoit.

Il n'y a pas jusqu'aux Lacédémoniens qui n'ayent senti cette vérité. Ils représentoient Venus avec le casque en tête & la lance à la main, pour exprimer que ses plus grandes douceurs sont dans les combats qu'elle excite. Avant que de marcher à l'ennemi, ils sacrifioient à l'amour, parce qu'ils le regardoient non moins comme le Dieu des combats que comme le Dieu des plaisirs.

Pausan. in Lacon. c. 23.

Auson. Ep. 41. & 42.

Athen. Deipn. l. 13. p. 561.

Les coups que ce Dieu procure sont si délicieux à recevoir, que, quand la personne qu'on aime est élevée en dignité, elle ne permet pas qu'on l'en prive. Le Duc de Bouckingam, lors de son Ambassade en France, disoit à Madame de Chevreuse, qu'*il*

Mem. de Retz Edit. 1751. T. 2. p. 476.

avoit aimé trois Reines, & qu'il avoit été obligé de les gourmer toutes trois.

Un jour que Madame de.... étoit revenue exprès d'Anjou, pour avoir un éclaircissement avec le C. de R.... qui ne lui gardoit pas une fidélité bien exacte; il la prit à la gorge & elle lui jetta un chandelier à la tête.

Ibid. p. 22. *Nous nous accordâmes*, dit-il, *un quart d'heure après ce fracas, & le lendemain je lui rendis le service que vous allez voir.* Ce service fut de conserver le T...... à la Maison de.... Tant il est vrai que la méthode de battre ne peut produire à tous égards que d'excellens effets!

Enfin ce qui prouve que cette

pratique n'est pas moins conforme à la morale qu'aux intérêts du cœur & à la politique, c'est que les Religieuses qui, au rapport de l'Abbé Langlet du Frenoy, corrigerent les Mémoires du Cardinal, ont cru devoir respecter les traits que j'en ai cités.

Catalog. des Hist. in 12. p. 139.

SECONDE PARTIE.

Les Grecs ont battu leurs Maîtresses, les Romains en ont fait autant.

NOus trouvons dans Aristophane le premier Amant Grec qui ait battu sa Maîtresse. Dans la Comédie de *Plutus*, une Dame d'un certain âge vient se plaindre de ce que le Dieu des richesses en les répandant sur son Amant le lui avoit enlevé. Après avoir fait l'éloge des bonnes qualités de ce jeune homme, elle entre dans le détail des tendres procédés qu'il avoit avec elle, elle finit en ces termes: " Quand „ nous allions ensemble aux mys„ tères de Cerès, si quelqu'un „ par hasard me regardoit dans la „ rue, pour cet unique regard, „ mon Amant me battoit tout le „ reste de la journée : tant il étoit „ jaloux de la possession de mon „ cœur. „

Aristoph. Plut. Act. 4. Sc. 5.

Charles Girard, dont nous avons un docte Commentaire sur cette Comédie, fait, à l'occasion de ce passage une remarque bien judicieuse. " Les gens,

„ dit-il, qui aiment véritablement „ & qui sont jaloux, ne veulent „ pas que d'autres soient amou- „ reux de leur Maîtresse. Il ne „ faut pourtant pas croire que „ quand ils la battent ce soit pour „ lui faire du mal : on ne bat ja- „ mais ce qu'on aime que pour „ le caresser. Mais cette vieille „ Dame s'imagine que son Amant „ la battoit tout de bon, ce qui est „ fort plaisant. „

Dans Théocrite, Cinisque reçoit, en pleine table, deux soufflets à poing fermé d'Eschine son Amant, parce qu'elle n'avoit pas bû assez promptement à sa santé.

Théocrit. Idyll. 14.

Dans Lucien, Crocale, Demoiselle entretenue, n'eût pas été mieux traitée d'un Militaire

Lucian. Dial. Meretr. Cochl. & Parth.

de Mégare, si prudemment elle ne se fût réfugiée dans une maison voisine.

Mais un exemple assez frappant, pour qu'on puisse se dispenser d'en rapporter d'autres, est celui que je vais citer d'après le même Lucien.

Gorgias, amoureux de Chrysis, étoit dans l'habitude de la battre. La jeune personne qui ne savoit pas ce qui lui étoit avantageux, se plaint de ce traitement à son amie Ampelis. Voici ce que cette derniere lui répond. « O „ma chere Chrysis, les assiduités, les sermens, les larmes, „les baisers, ne sont que les „symptômes d'un amour naissant; mais battre ce qu'on ai-

Idem Dial. Meret. Ampel. & Chrys.

„me, lui donner des soufflets, „lui arracher les cheveux, ou „déchirer sa robe, voilà les „preuves du grand amour. Qui„conque n'est ni jaloux, ni co„lère, ne mérite pas le titre d'A„mant. Puisque le tien t'a donné „des soufflets, il est jaloux, il „t'aime. Tu n'as rien à désirer „sinon qu'il te continue le mê„me traitement.„

Il est étonnant que l'Abbé Gedoyn n'ait pas dit un mot de l'usage de battre chez les Romains dans le traité qu'il a fait de leur urbanité.

Horace invitant Tyndaris à venir avec lui dans sa maison de Lucrétile, après avoir vanté à cette belle la protection que les

Dieux lui accordent, la beauté de sa campagne, la salubrité de l'air, la fraîcheur de ses bosquets & l'excellence de son vin : " Là, ,, lui dit-il, si Bacchus vient à ,, susciter quelques débats entre ,, nous, Mars n'y sera point ap- ,, pellé ; tu seras à couvert de la ,, jalousie de l'impétueux Cyrus ; ,, tu n'auras point à craindre qu'il ,, porte sur toi ses mains violen- ,, tes, qu'il arrache de dessus ta ,, tête la couronne de fleurs qui ,, y est attachée, ou qu'il déchi- ,, re ta robe, innocente des cri- ,, mes qu'il ose t'imputer. ,,

Horat. lib. 1. Od. 17.

Dans un autre endroit où il peint à Lydie combien il est jaloux du beaux Telephe : " Je ne ,, le suis pas moins, dit-il, lors-

Id. Horat. lib. 1. Od. 13.

„ qu'au sortir de table, vous avez „ eu ensemble quelque violen- „ te querelle, & que tes épau- „ les sont encore noires des „ coups qu'il t'a donnés ; que „ quand, dans l'emportement de „ ses caresses, il a laissé sur tes „ levres l'empreinte de ses bai- „ sers. „

Ovide, comme on l'a vû, étoit d'avis qu'on battît. Le galant Ovide agissoit conséquemment à ce principe. Un jour entr'autres il battît cruellement une de ses Maîtresses dont le nom nous est inconnu. Les jolis vers qu'il écrivit pour faire sa paix vont nous apprendre le détail de cette aventure.

„ O mes amis, tandis que je *Ovid. amor. lib. 1. El. 7.*

„ suis dans mon bon sens, char-
„ gez mes mains des chaînes
„ qu'elles ont méritées, ma fu-
„ reur vient de les porter sur ma
„ Maîtresse : cette belle gémit
„ à présent des coups qu'elle en
„ a reçus. Quelle autre ne m'eut
„ pas traité de barbare & d'in-
„ sensé ? Elle resta dans le silen-
„ ce, la crainte avoit enchaîné
„ sa langue, ses larmes seules
„ me reprochoient mon crime.
„ Qu'il m'eut été plus avanta-
„ geux d'avoir perdu l'usage de
„ mes bras! Quoi ! si j'avois frap-
„ pé le dernier du Peuple j'en
„ serois puni ; & je pourrai bat-
„ tre impunément mon Amante!
„ Ne faudroit-il point qu'on me
„ décernât les honneurs du triom-
phe

„ phe pour la victoire que j'ai
„ remportée sur elle ! si la colère
„ me transportoit, cette belle est
„ timide, n'aurois-je pas dû me
„ contenter de l'accabler de re-
„ proches, de la menacer, tout
„ au plus de lui déchirer sa robe ?
„ Mais, barbare que je suis ! j'ai
„ eu la dureté de la traîner par
„ les cheveux, & d'imprimer mes
„ ongles sur ses joues ! Tous ses
„ membres étoient tremblans
„ comme les roseaux agités du
„ Zéphire, & ses larmes long-
„ temps suspendues couleront
„ sur son visage comme l'eau cou-
„ le sur la neige qui commence à
„ fondre. A ce spectacle je ne
„ pus m'empêcher de me sentir
„ coupable. Trois fois, pour ob-

„ tenir ma grace , je voulus em-
„ brasser ses genoux , & trois
„ fois elle repoussa mes mains
„ redoutables.

„ O toi, que j'ai si cruelle-
„ ment offensée , daigne tirer
„ vengeance des outrages que je
„ t'ai faits : égratigne-moi ; n'é-
„ pargne ni mes yeux , ni mes
„ cheveux. Si tes mains sont
„ trop foibles , que la colère sup-
„ plée à tes forces : répare sur-
„ tout le désordre de tes che-
„ veux , & ne laisse pas subsister
„ ce monument de mon crime. „

A juger de Tibulle par quelques passages de ses écrits, on seroit tenté de croire qu'il ne battoit point. Cependant ces mêmes passages examinés avec plus d'attention sont la preuve du contraire. Dans une Elegie qu'il adresse à Délie : " Je ne veux pas „ te frapper, dit-il ; mais si cette „ fantaisie me venoit, je désire- „ rois que les Dieux me privas- „ sent de l'usage de mes mains. „ *Tibull. lib. 1. El. 7.*

Dans un autre endroit : " Il „ faut être bien dur, dit-il, pour „ battre sa Maîtresse : c'est for- „ cer les Dieux à descendre du „ Ciel. Contentons-nous de lui „ déchirer sa robe, de lui arra- „ cher sa coëffure, & de faire „ couler ses larmes. O quatre „ fois heureux celui, qui dans sa „ colère, a fait verser des pleurs „ à ce qu'il aime ! *Ejusd. lib. El. 11.*

Dans la même Elégie, il cite le plaisir de battre comme un

des avantages de la paix. « C'est
„ alors, dit-il, que les combats
„ de Venus se multiplient : on
„ arrache les cheveux à ce qu'on
„ aime, on enfonce sa porte,
„ on meurtrit ses joues, on fait
„ couler ses pleurs. Il est vrai
„ que le vainqueur gémit bientôt
„ de sa victoire; mais l'Amour
„ s'en applaudit ; assis avec non-
„ chalence entre deux Amans
„ irrités, lui-même il leur inspi-
„ re les discours les plus pi-
„ quants. „

Properce avoit sur cela une idée singuliére ; il s'imaginoit qu'il ne convenoit point à un Poëte de battre sa Maîtresse.
Propert. lib. 2. El. 4. „ Toute parjure que tu es, di-
„ soit-il à Cynthie, je ne te

„ déchirerai pas tes habits ; je ne „ veux dans ma colère, ni briser „ ta porte, ni troubler l'arrangement de tes cheveux ; & mes „ doigts, en te pressant durement, „ ne te meurtriront point. Je „ laisse ces combats à ceux dont „ le front n'est point couronné „ de lierre. „

Avec cette belle délicatesse il manqua de la battre dès la premiere nuit qu'il coucha avec elle. Il est vrai qu'elle avoit eu des caprices fort étranges. Elle avoit voulu d'abord éteindre la petite lampe qui brûloit à côté de son lit ; ensuite pour se dérober aux caresses de son Amant, elle s'étoit enveloppée dans sa tunique, & réfugiée sur le bord du lit.

Properce pria, bouda, & finit
Lib. 2. El. 12. par se fâcher. " Cynthie, lui
„ dit-il, si vous ne le savez pas,
„ je suis bien aise de vous ap-
„ prendre que j'aime à voir clair
„ dans mes plaisirs. Si vous vous
„ obstinez à coucher avec votre
„ robe, elle éprouvera la vio-
„ lence de mes mains; que si vous
„ m'irritez davantage, je vous
„ mettrai dans le cas d'aller mon-
„ trer à votre mere les meurtris-
„ sures de vos bras. „

L'usage de battre sa Maîtresse alla toujours en déclinant sous les successeurs d'Auguste. Le Madrigal d'Ausone, indiqué dans la premiere Partie, est à peu près le dernier monument que j'en aie trouvé. Il est à croire que dans la suite, cet usage fut enseveli sous les ruines de l'Empire Romain avec la politesse, les Sciences & les Arts.

TROISIEME PARTIE.

On n'a battu sa Maîtresse que dans les siécles polis.

JE divise, relativement à la Morale & aux progrès de l'Esprit humain, tous les siécles possibles en trois classes. Siécles barbares, siécles mitoyens, siécles polis. Dans les siécles barbares on n'aimoit point, quoique on battît; dans les siécles mitoyens on aimoit, mais on ne battoit plus; ce n'est donc que dans les siécles polis qu'on a pû battre sa Maîtresse.

Peut-on, dans les temps de barbarie, supposer capables d'amour des hommes durs, féroces, infléxibles, dont toutes les idées se bornoient aux besoins du corps, & dont l'ame, ou languissoit engourdie, ou n'étoit réveillée que par des impressions violentes.

Que le Mariage fût en honneur chez eux, qu'ils peuplassent même plus qu'on ne fait dans les siécles polis, cela ne prouve pas qu'ils fussent amoureux. A-t-on besoin d'amour pour se marier? en a-t-on besoin pour les effets du Mariage? Le sentiment qui rapprochoit les deux sexes quel étoit-il?

étoit-il, sinon l'instinct qui porte chaque animal à perpétuer son espéce ? Il n'étoit ni paré des graces de l'imagination, ni rendu délicieux par le concours des sentimens : les sens désiroient & jouissoient seuls.

Tous les Historiens nous apprennent qu'en général les Barbares étoient fidéles à leurs femmes. La chose bien examinée, qu'en resulte-t-il, sinon qu'ils étoient incapables d'amour ? La maniere même dont ils étoient infidéles n'en devient-elle pas une nouvelle preuve. C'étoit toujours sans malice, sans dessein prémédité, sans systême suivi. Le hazard fournissoit l'aventure ; l'instant qui la portoit à sa perfection la terminoit. Il n'y a rien là qui annonce cette suite d'idées, de sentimens & d'actions qui caractérise ce qu'on appelle un tendre attachement.

L'argument le plus fort qu'on puisse m'opposer, c'est qu'ils battoient. Cette vérité est de telle nature, qu'à moins d'ignorer totalement l'Histoire, on ne peut s'y refuser. Mais ce qui reste à examiner c'est s'ils battoient par principe d'amour.

Car de ce qu'un homme battroit tous les jours une femme, je ne conclurois pas affirmativement qu'il en fût amoureux. Quelque nécessaire que ce procédé me paroisse à la perfection de l'amour, il n'en est que l'effet ; il en prouve la grande ardeur, mais il n'en conſtitue pas l'eſſence. Il eſt même tellement équivoque de ſa nature, qu'on pourroit l'imputer à un ſentiment contraire, ſi ſon principe n'étoit pas déterminé par les autres ſymptômes de l'amour. Et voilà ce qui manquoit chez les Barbares.

D'ailleurs qui battoient-ils ? Ce n'étoit pas leurs Maîtreſſes, puiſqu'ils n'en avoient point ; c'étoit donc leurs femmes, ce qui eſt une groſſiéreté. Enfin pourquoi battoient-ils leurs femmes ? étoit-ce par un motif de préférence, ſentiment flatteur dont ils étoient incapables ? Non ſans doute. C'étoit donc uniquement par raiſon de commodité, & parce qu'elles ſe trouvoient plus avantageuſement ſituées pour être battues.

L'eſprit commençant à ſe développer, on tomba dans un excès contraire. On reſſentit l'amour, mais on le connut mal. On crut qu'il étoit de ſa dignité de ne regner que ſur le cœur, & tout commerce avec les ſens lui fut interdit. Cette erreur devint la ſource de mille autres, & perdit tout.

On aima ſa Maîtreſſe comme on adore les Dieux, avec reſpect & pour ſes vertus. Vainement les ſens reclamerent, on leur impoſa ſilence, on les trouva téméraires de vouloir s'immiſcer dans les myſtères de l'amour. Les femmes, à force de dompter leurs mouvemens, se crurent de pures intelligences, & ce qui en est la suite, elles regarderent leurs Amans comme autant d'esclaves trop heureux de les servir.

C'est ainsi qu'en Italie Petrarque aima la belle Laure; c'est ainsi qu'aimoient nos ancêtres dans les siécles renommés de la Chevalerie; c'est ainsi qu'on aimoit encore en Angleterre vers la fin du seiziéme siécle.

Ce bisarre systême arrêta longtemps les progrès de l'amour. En le privant des desirs, on lui avoit ôté les fureurs de la jalousie. En le condamnant au respect, on détruisit entre deux

Amans cette douce égalité qui fait le plus grand charme d'un commerce amoureux.

On ne vit donc jamais d'Amant qui dans un épanchement de cœur un peu vif, imprimât quelques soufflets sur le visage de sa Maîtresse. Comment des serviteurs si honnêtes auroient-ils porté la main sur une femme pour la battre? ils n'osoient pas l'y porter pour la caresser.

Enfin on conçut de l'amour des idées plus justes. On reconnut que le commerce des sens n'est pas moins essentiel à sa nature que les impressions du cœur. En lui rendant ses desirs on lui rendit toute sa jalousie. L'égalité qui est la premiere loi de son empire y fut retablie, en dispensant l'Amant du respect, & la Maîtresse de l'exiger. Si l'on éprouva quelquefois de ces saillies momentanées des sens, ordinaires dans les temps barbares, on ne les qualifia point d'amour : si quelque femme prétendit ne connoître que le sentiment des siécles mitoyens, on lui fit l'honneur de ne la pas croire. Le cœur & les sens voilà les deux principes qu'on reconnut à l'amour. Les sentimens corrigent dans les desirs ce qu'ils ont de brutal ; les desirs corrigent dans les sentimens ce qu'ils ont de fade. Les uns & les autres étant également avoüés de la beauté qui les a fait naître, on commence à battre.

Voilà le point juste où l'amour, n'ayant plus rien qui le contraigne, s'abandonne à tous les transports, & s'exprime avec toute son énergie. Qu'on interroge les beautés battues, je suis convaincu qu'on n'en trouvera point qui l'aient été avant ce terme.

Dans le fond plus on examine cette conduite, plus on la trouve bien entendue. Car si l'on débutoit avec une femme par la battre, & que, pour lui prouver de l'attachement, on n'eût que des soufflets à lui donner, quelque penchant qu'elle eût à la reconnoissance, je doute qu'elle s'y prêtât de bonne grace.

Mais quand, après l'avoir accoutumée par dégrés aux delices de l'amour, on l'a conduite au point d'en agréer les preuves les plus physiques, alors on peut sans inconvenient lui déployer ces grandes démonstrations, effrayantes pour une ame novice, mais d'autant plus flateuses pour une Amante expérimentée, qu'elles sont sans contrainte.

Lorsqu'on a le bonheur d'être né dans un siécle poli, & qu'instruit sans effort par l'exemple de ses contemporains, on bat tout naturellement la personne qu'on aime, on s'imagine que dans tous les temps le cœur seul a dû dicter un procédé si tendre. On ne se douteroit pas qu'il eut fallu tant d'expériences pour parvenir à cette découverte; & que, reservée aux siécles les plus polis, elle eut exigé les plus grands efforts de l'esprit humain.

C'est néanmoins un fait qui n'est que trop constant. Cette vérité se trouve justifiée par tous les exemples repandus dans cet ouvrage. Quelques recherches que j'aye faites, je n'en ai découvert aucun ni dans les siécles barbares, ni dans les siécles mitoyens. Ceux de Periclès & du plus poli des Ptolemées, les regnes d'Auguste, de Trajan & de Louis XIV. sont les seuls qui m'en aient fourni.

J'en trouverois un bien plus grand nombre dans le siécle où j'ai l'avantage de vivre, si je voulois les transmettre à la Postérité; mais un Ancien a judicieusement remarqué que l'Histoire des temps modernes est difficile à écrire par les égards qu'on doit aux vivans. Pour elever à la gloire de mon siécle un monument dont je crois qu'il n'a pas besoin, je n'ai pas voulu blesser à la fois & la modestie des Amans qui battent, & la discrétion des Beautés battues.

Plin. secund. Epist. lib. 5. Ep. 8.

Je finis par une observation qui n'est pas moins philosophique que toutes celles qui précédent. Tout important qu'il est pour l'honneur de la vérité que le préjugé que j'attaque soit détruit, je ne sçais s'il ne seroit pas à propos de le laisser subsister, au moins dans l'esprit des femmes à prétentions. Peut-être sçauroient-elles moins de gré à ceux qui les battent, si elles ne voyoient de leur part une sorte d'héroïsme dans le mépris du préjugé.

Cui lecta potenter erit res,
Nec facundia deseret hunc nec lucidus ordo.
Horat. de Art. Poët.

NOTES ET ECLAIRCISSEMENS SUR LA DISSERTATION PRECEDENTE.

Ordinis hæc virtus erit & Venus, aut ego fallor,
Ut jam nunc dicat, jam nunc debentia dici,
Pleraque differat & præsens in tempus omittat.
Horat. art. Poët.

PAge 43, ligne 8. *Aimer & battre ne font qu'une même chose, &c.* Il est question d'un fils qui bat son pere. „ N'est-il „ pas vrai, lui dit-il, que quand „ j'étois enfant vous me battiez? „ Assurément repond le pere, „ car je t'aimois, & je voulois ton „ bien. En ce cas-là, dit le pre- „ mier, comme il est juste que

Aristoph. nub. Act. 5. Sc. 4.

„ je vous aime, il eſt juſte auſſi „ que je vous batte, puiſqu'ai- „ mer & battre ne ſont qu'une „ même choſe : τοῦτ' ἔς' εὐνοεῖν, τὸ τύπτειν. A cela ſe rapporte cet Adage univerſellement connu : *qui aime bien, châtie bien ; qui bene amat bene caſtigat.*

Pag. 43, l. 12. *Faiſoient déchirer à coups de verges, &c.* Voici comment cela ſe pratiquoit, au rapport de Poſidonius cité par Athenée : „ quand le Roi prie „ ſon ami à manger, ὁ δεκαλού- „ μενος φίλος, il ne le fait point „ aſſeoir à ſa table, mais il lui „ jette quelques morceaux par „ terre, comme on fait à un „ chien. De temps en temps „ il le fait déchirer à coups

„ de verges, après quoi l'ami „ tout sanglant se prosterne de- „ vant celui qui l'a fouetté, & „ l'en remercie comme d'une „ faveur insigne.

Pag. 44, l. 18. *Nous reproduire dans des embrassemens légitimes, &c.* C'est ce que Montaigne appelle, *un plaisir plat.* Le César Ælius Verus, qui étoit homme d'esprit & de goût, pensoit sur cela comme Montaigne. Quand sa femme lui reprochoit ses infidélités; „ Laissez-moi, lui „ disoit-il, m'amuser avec d'au- „ tres; le nom d'épouse est „ respectable, mais ce n'est „ pas un nom de volupté. *Pa-* „ *tere me per alias exercere cupi-* „ *ditates meas; uxor enim digni-*

Essais. l. 3. c. 5.

Spartian. in Ælium Ver.

„ *tatis nomen eſt , non voluptatis.*

Pag. 46, l. 14. *Ce qu'on entend par bienſéance n'eſt autre choſe, &c.* Cela eſt ſi vrai, qu'il y a une infinité de diſtinctions à faire, même dans ce qu'on appelle les bienſéances du monde. Elles ne ſont point les mêmes pour un vieillard que pour un jeune homme, pour un militaire que pour un petit collet, pour une femme que pour un homme, même pour une jolie femme que pour une femme ſans conſéquence. Combien doivent-elles différer davantage entre deux états auſſi contraires que l'indifférence & l'amour; autant, pour me ſervir des termes d'Héſiode, que le Ciel eſt éloigné de la Terre.

ὅσον

ὅσον οὐρανός ἐς' ἀπὸ γαίης. Hesiod. Theogon. v. 720.

Un homme amoureux n'est plus un mortel ordinaire, c'est, comme le dit Plutarque, un homme inspiré. Dès que l'amour s'est emparé de lui (c'est toujours Plutarque qui parle) il ne reconnoît plus ni parens, ni amis, ni Loix, ni Magistrats, ni Souverains ; il n'estime & ne respecte rien ; l'unique chose qu'il craigne, c'est de déplaire à ce qu'il aime.

Plutarch. Erotic. pag. 759.

Ibid. pa. 762.

Pag. 47, l. 6. *Le trouble, l'inquiétude, la fureur, &c.* Outre ces qualités qui sont de bienséance dans un Amant, Plaute en compte beaucoup d'autres : comme l'insomnie, l'humeur noire, l'erreur, la terreur, la fuite, la bêtiſe, la témérité, l'imprudence, l'effronterie, la petulance, &c.

Plaut. Mercat. Prolog. v. 24.

Sed amori accedunt etiam quæ dixi minus :
Inſomnia, ærumna, error terrorque & fuga ;
Ineptia, ſtultitiaque adeo, & temeritas,
Incogitantia, excors, immodeſtia,
Petulantia, cupiditas & malevolentia, &c.

Catulle a bien développé le principe de toutes ces contrariétés dans la peinture qu'il fait de ſon cœur. *J'aime & je hais,* dit-il, *vous voulez ſçavoir comment cela ſe fait ; je l'ignore, mais je le ſens.*

Catull. Ep. 85.

Odi & amo ; quare id faciam fortaſſe requiris :
Neſcio ; ſed fieri ſentio, &c.

C'eſt ce qui a fait dire à Seneque le Philoſophe que l'amour & la haine étoient à peu-près la même chose dans leurs effets : *fere idem itaque exitus est odii & amoris.* J'oublіois de parler d'une qualité très-essentielle en amour, qui est l'indiscrétion. Cette vertu n'étoit point inconnue aux Anciens. Catulle en parle en fort bons termes : Senec. de Benefic. c. 25.

Si linguam clauso tenes in ore,
Fructus projicies amoris omnes :
Verbosâ gaudet Venus loquelâ. Catul. Ep. 52.

Pag. 47, l. 12. *Quelle femme un peu délicate seroit flattée, &c.* Les femmes sont bien aises, qu'en voyant leur Amant, tout le monde puisse dire, comme Télémaque dans l'Odyssée : *certainement un Dieu habite ici.*

Η μάλα τις θεὸς ἔνδον. Odyss. l. 19.

Pag. 48, l. 7. *Le défaut de*

reſpect, &c. Il eſt indiſpenſable quand on plaît. Quand on déplaît c'eſt autre choſe; une femme ne vous permet pas de l'embraſſer même en ſonge. C'eſt ce que nous voyons dans Theocrite :

Idyll. 20. Μή τύ γέ μευ κύσῃς τὸ καλὸν στόμα, μηδ' ἐν ὀνείροις.

Pag. 48, l. 19. *Cette différence que l'uſage poli met entre les deux ſexes.* Cette différence n'eſt point dans la Loi de nature; c'eſt tout le contraire. Perſonne n'ignore que la femme fut créée pour l'homme, & qu'il lui fut ordonné plus d'une fois de nous être ſoumiſe. Les Grecs diſoient qu'ils avoient des Maîtreſſes pour leur plaiſir, des concubines pour l'uſage habituel, & des fem-

Athen. Deïpn. l. 13. *p.* 573.

mes pour leur donner des enfans légitimes, & avoir ſoin de leur ménage. Les Romains les tenoient dans une tutelle perpétuelle. Les Mahométans leur perſuadent qu'elles n'ont point d'ame. Pour nous qui ne ſommes ni Grecs, ni Romains, ni Mahométans, nous les traitons en ſouveraines. Mais elles perdent leur ſouveraineté ſitôt qu'elles nous aiment, & tout rentre dans la Loi de nature. *

Eſprit des Loix. l. 7. c. 13.

Lettr. Juiv. lett. 54.

Pag. 50, l. 14. *Et ne s'en ſe-*

* Les Egyptiens qui, comme ledit Herodote, liv. 2, ne faiſoient rien comme les autres hommes, étoient bien plus galans que nous. Ils promettoient à leurs femmes par contract de mariage qu'ils leur ſeroient ſoumis en tout. *Diod. ſic. lib.* 1. *ſect.* 1.

roient pas tenus à de ſimples impertinences „ Il ne dépend point, dit „ Petrone, d'un véritable Amant „ de mettre des bornes aux fu- „ reurs de ſa jalouſie : *neque enim* „ *in amantium eſſe poteſtate furio-* „ *ſam æmulationem.*

Petron. ſat. c. 99.

Pag. 52, l. 15. *Le Taſſe les a placées dans la ceinture de Venus.* Voici le paſſage de cet Auteur ;

Teneri ſdegni, e placide e tranquille
Ripulſe, cari vezzi, e liete paci,
Sorriſi, parolette, e dolci ſtille
Di pianto, e ſoſpir tronchi, e molli baci.

Gierusalem. liberat. cant. 16.

Quelque critique de mauvaiſe humeur pourroit dire que, dans tout ce paſſage, il n'eſt point queſtion de querelles ; mais je le prie de faire attention à ces mots : *liete paci, paix joyeuſes.*

On ne fait point la paix sans avoir eu la guerre. L'Auteur avoit sûrement en vue ce passage de Térence.

inducia,
Bellum, pax rursum. — *Eunuch. act. 1. sc.*

Pag. 53, l. 13. *Plus elle est profondément attendrie, &c.* Quand Platon voyoit un homme amoureux, il disoit, cet homme-là mort à lui même, c'est l'ame de sa Maîtresse qui l'anime. Caton l'ancien étoit dans le même principe. Cela posé, il n'y a plus à s'étonner de ce qu'on fait si aisément sa paix avec une femme qu'on vient de battre, puisque, en quelque sorte, c'est elle-même qui s'est battue : il est vrai qu'elle oublie cela dans l'instant

Ficin in vit. Plat. & in conviv. orat. 2. c. 8.

Plutarch. in Caton. maj.

qu'on la bat ; mais dès qu'elle a repris ſes ſens, elle s'en reſſouvient, & alors elle eſt attendrie en voyant combien elle a de pouvoir ſur ſon Amant.

Pag. 53, l. 16. *Un Amant éperdu, &c.* On l'eſt toujours quand on a fait du mal à ce qu'on aime ; car la colère des Amans n'eſt pas durable. Nous en trouvons un bel exemple dans Pauſanias : *

Coreſus, Prêtre de Bacchus, aimoit éperduement Callirhoë ; mais plus il lui donnoit de témoignages de ſon amour, plus

* Ce fait a fourni aux François le ſujet d'une Tragédie & d'un Opera ; & le Guarini, chez les Italiens, lui eſt redevable de plus d'un joli trait du *Paſtor fido*.

elle

elle le haïſſoit. Il en demanda vengeance à ſon Dieu qui repandit ſur tous les Calydoniens une eſpéce d'yvreſſe furieuſe qui les conduiſoit à la mort. L'Oracle de Dodone, ayant été conſulté ſur cette maladie, repondit qu'elle ne ceſſeroit que quand on auroit appaiſé Bacchus; & qu'on ne pouvoit l'appaiſer qu'en ſacrifiant Coreſus ou Callirhoë, ou quelqu'un qui voudroit ſe devouer pour elle. Le jour du ſacrifice étant arrivé ſans que perſonne voulut mourir pour Callirhoë; lorſque ſon Amant la vit approcher de l'Autel, parée des ornemens de la victime, il oublia toute ſa colère pour ne ſe ſouvenir que de ſon amour; & ſe

Pauſan. Achaic. c. 21.

frappant du couteau ſacré, il fut à la fois le Prêtre & la victime.

Pag. 54, l. 6. *Conſeilloit aux femmes de battre leurs Amans, &c.* Tous les hommes aiment cela. Dans un ancien Poëme Grec ſur la bataille de Marathon, un des interlocuteurs demande à l'autre ſi, ſe voyant ſi près de la mort, il trouvoit encore du plaiſir dans les bras de ſa Maîtreſſe; *ſi j'y en trouve?* repond-t-il. *Ah, Dieux! j'en ai d'autant plus que je n'y fais pas tout ce que je veux. Il faut ſe battre avec elle, recevoir des ſoufflets, être accablé de coups; quelles délices!*

Athen. Dipn. l. 13. p. 570.

δεῖν δ' ἔτι
Ἀγονιάσαι καὶ ῥαπισθῆναι γε καὶ
πληγὰς λαβειν ἁπαλαισι χερσιν ἡδύγε:

Pag. 54, l. 12. *Qu'elle ſache*

recevoir des coups & en donner. Voici le texte.

Sit mihi talis amica velim :
Jurgia quæ temere incipiat ,
Nec ſtudeat quaſi caſta loqui.
Pulchra , procax , petulante manu ; Auſon. Ep. 77.
Verbera quæ ferat & regerat ,
Cæſaque ad oſcula confugiat.
Nam niſi moribus his fuerit :
Caſta , modeſta , pudenter agens :
Dicere abominor , uxor erit.

Rouſſeau, qui a imité cette Epigramme, en a négligé le trait le plus eſſentiel. J'en ſuis ſurpris ; car pour un moderne il ne manquoit ni d'eſprit ni de gout.

Pag. 54, l. 18. *Et qu'il n'aima jamais qu'elle , &c.* Il avoit eû auparavant une de ſes ſuivantes nommée Lycinne. Il s'en ſouvient avec plaiſir, parce qu'elle lui avoit donné *gratis* les premieres leçons du plaisir.

Lib. 3. El. 13. *Illa rudes animos per noctes conscia primas*
Imbuit, heu! nullis capta Lycinna donis.

Mais ce ne fut qu'une aventure d'écolier, & qui n'eut point de suites. Cynthie, comme il le dit lui-même, fut son unique passion.

Cuncta tuus sepelivit amor, nec fœmina post te
Ulla dedit collo dulcia vincla meo.

Pag. 54, l. 19. *Elle étoit vieille.* C'est ce que nous apprenons dans ces vers, qui prouvent d'autant plus d'amour qu'ils sont moins galans :

Lib. 2. El. 14. *At tu etiam juvenem odisti me, perfida! quamvis*
Ipsa anus, haud longâ curva futura die.

Et ailleurs :

El. 19. *Et si sæcla forent antiquis grata puellis;*
Essem quod nunc tu; tempore vincor ego.

Pag. 54, l. 19. *Et n'étoit pas jolie.* Cynthie étoit blonde & avoit les yeux noirs, ce qui devoit lui donner une phyſionomie ſinguliere ; elle remédioit à cela, en ſe teignant les cheveux & les ſourcils : *Lib. 2. El. 2. v. 57. & El. 9. v. 23.*

Nunc etiam infectos, demens, imitare Britannos, *El. 14.*
Ludis & externo tincta nitore caput.

Et deux vers plus bas :

Illi ſub terris fiant mala multa puellæ,
Quæ mentita ſuas vertit inepta comas.

Il falloit au reſte que cette phyſionomie-la ne déplût pas chez les Romains ; car le petit Empereur, Antonin Diadumène, qui, à ce que dit ſon Hiſtorien, étoit le plus bel enfant du monde, *puer omnium ſpecioſiſſimus*, avoit, *Lamprid. in Diad.*

comme Cynthie, les cheveux blonds & les yeux noirs.

Pag. 54, lign. 20. *Mais elle le battoit* : il s'en glorifie en vingt endroits de ſes ouvrages, & il n'avoit pas tort, car elle le battoit bien. Un jour, après lui avoir dit beaucoup d'injures, elle lui renverſa la table ſur le corps, & lui jetta au viſage un gobelet plein de vin.

Dulcis ad extremas fuerat mihi rixa lucernas,
Lib. 3. El. 6. *Vocis & inſanæ tot maledicta tuæ;*
Cum, furibunda mero, menſam propellis, & in me
Projicis inſanâ cymbia plena manu.

On peut voir auſſi dans le quatriéme Livre comme elle le traita, le jour qu'elle le ſurprit, dans ſa maiſon des Eſquilies, ſoupant avec des filles :

> *Et mea perversâ ſauciat ora manu,*
> *Imponitque notam collo, morſuque cruentat,*
> *Præcipuèque oculos, qui meruere, ferit.* *Lib. 4. El. 8.*
> *Atque ubi jam noſtris laſſavit brachia plagis, &c.*

Pag. 55, lig. 3. *Venus avec le caſque en tête & la lance à la main.* Voici ce qu'en dit Lactance. « Dans le temps que les Lacédémoniens faiſoient le ſiége de Meſſene, les habitans de cette ville en ſortirent ſecrettement, pour aller piller Lacédemone, où il n'étoit reſté que les femmes. Celles-ci ſe défendirent courageuſement & les mirent en fuite. Cependant les Lacédémoniens s'étoient mis en marche pour ſecourir *Lact. de fals. Rel. c. 20.*

„ Lacédémone. Leurs Femmes „ qui, après leur victoire, al- „ loient audevant d'eux, s'étant „ apperçues qu'ils les prenoient „ pour les ennemis, & qu'ils ſe „ mettoient en devoir de les „ combattre, ſe dépouillerent „ toutes nues. Alors leurs maris „ les reconnurent, & dans ce „ premier moment ils en joui- „ rent, tout armés qu'ils étoient, „ ſans que perſonne examinât s'il „ avoit affaire à ſa femme ou à „ celle d'un autre; *& aſpectu in li- „ bidinem concitati, ſicut erant ar- „ mati permiſti ſunt utique promiſ- „ cuè : nec enim vacabat diſcerne- „ re.* C'eſt, dit l'Auteur, pour „ conſerver la mémoire de ce „ fait qu'ils conſacrerent une ſta-

„ tue à Venus armée. „

La conjecture de Lactance eſt ingénieuſe. Mais la vérité eſt, comme je l'ai dit, que cette Venus armée n'étoit qu'une allégorie.

Pag. 55, l. 11. *L'Amour comme le Dieu des combats, &c.* Plutarque a obſervé que les nations les plus adonnées à l'amour ont été en même-temps les plus belliqueuſes. Il cite à ce propos les Lacédémoniens, les Béociens, les Candiots; ne pourroit-on pas y joindre les François ?

Plut. in Erotic. pag. 761.

Pag. 55, l. 13. *Les coups que ce Dieu procure ſont ſi délicieux, &c.* C'eſt ce qui m'a déterminé à ne traiter dans cet ouvrage que de l'uſage de battre ſa Maîtreſſe.

Il ne m'en eut pas plus couté de traiter de l'uſage de battre ſon Amant, ou même de réunir les deux objets : mais j'ai cru qu'il étoit de la politeſſe de céder aux Dames le partage le plus avantageux. Lucien diſtingue en amour cinq degrés de volupté : la vue, le ſimple toucher, le baiſer, le toucher à volonté, enfin la poſſeſſion totale de la perſonne aimée. Moi j'établirois cinq autres degrés qui me paroiſſent plus ſenſibles : aimer, plaire, jouir, battre, être battu ; & je dirois, de ce dernier degré :

Lucian. in amor.

Venus
Quinta parte ſui nectaris imbuit.

Hor. l. 1. Od. 13.

Pag. 56, l. 15. *Conſerva le Tabouret à la maiſon de, &c.*

„ M. le Prince s'étoit engagé à „ la priere de Meille, cadet de „ Foix, qui étoit fort attaché à „ lui, de faire donner le Tabou- „ ret à la Comtesse de Foix; & le „ Cardinal (Mazarin) qui y avoit „ grande aversion suscita toute la „ jeunesse de la Cour, pour „ s'opposer à tous les Tabourets „ qui n'étoient pas fondés sur des „ brevets. M. le Prince qui vit „ tout d'un coup une maniere „ d'assemblée de Noblesse, à la „ tête de laquelle même le Ma- „ réchal de l'Hopital s'étoit mis, „ ne voulut pas s'attirer la cha- „ leur publique pour des intérêts „ qui lui étoient assez indifférens, „ & il crut qu'il feroit assez pour „ la maison de Foix s'il renversoit

Mem. de Retz, t. 2.

„ les Tabourets des autres Mai-
„ ſons privilégiées. Celle de....
„ étoit la premiere de ce nom-
„ bre ; & jugez de quel dégoût
„ étoit un échec de cette nature
„ aux Dames de ce nom. La
„ nouvelle leur en fut apportée
„ le ſoir même que Madame
„ de.... revint d'Anjou. Meſ-
„ dames de C.... de R.... &
„ de M.... ſe trouverent le len-
„ demain chez elle. Nous réſo-
„ lûmes une contre-aſſemblée
„ de Nobleſſe pour ſoutenir le
„ Tabouret de la maiſon de....
„ Il fut queſtion d'ébranler M.
„ le Prince avant que de venir à
„ l'éclat. Je me chargeai de la
„ commiſſion ; j'allai chez lui
„ dès le ſoir même, je pris mon

„ prétexte sur la parenté que j'a-„ vois avec la maison de G.... „ M. le Prince qui m'entendit à „ demi mot, répondit ces paro-„ les : *Vous êtes bon parent, il est „ juste de vous satisfaire. Je vous „ promets que je ne choquerai point „ le Tabouret de la maison de .... &c.* „

Pag. 57, l. 15. *Le premier Amant Grec qui ait battu, &c.* II. Partie.
Avant le siécle de Périclès on ne battoit point. Il est même incertain qu'on aimât, au moins les exemples les plus célébres prouvent-ils fort peu, dès qu'on prend la peine de les discuter. Chryseis & Briseis, qui font tant de bruit dans l'Iliade, n'étoient que deux servantes qui

Iliad. α v. 31. faiſoient le lit du Maître, & qui y couchoient avec lui. Il n'eſt point évident que l'amour ait été la cauſe de l'enlevement d'Hé-
De bello Trojan. l. 1. lene. Si nous en croyons Dictys de Crete, ce fut autant pour ſes richeſſes que pour elle-même que le beau Paris l'enleva. Quelque ſoin qu'Homere ait pris pour couvrir ce fond défectueux, il perce par-tout dans l'Iliade. Qu'eſt-ce que demande Menelas? c'eſt qu'on lui rende Helene, *avec toutes ſes richeſſes*:

Iliad. γ. Υμεῖς δ' αργείην Ελενην, καὶ κτημαθ' ἅμ' αυτῇ εκδοτε.

Qu'eſt-ce que refuſent les Troyens? c'eſt de rendre Helene avec toutes ſes richeſſes. κτήματα πάντα, γυναῖκάτε.

Les amours d'Hercule & d'Omphale, qu'on cite avec emphase, ne font qu'un conte de bonne femme. Ce Héros fut vendu en Lydie pour expier le meurtre d'Iphitus. Voila pourquoi il fila chez Omphale. Si, comme le dit Lucien, la Princeffe lui donnoit quelquefois de fa pantoufle fur le vifage, c'étoit pour humilier fon efclave, non pour flatter fon Amant. Il eft vrai qu'il en eut un fils, nommé Lamon; mais cela n'a rien d'étonnant, foit que, comme le rapporte Diodore, la Princeffe pleine d'admiration pour fes vertus l'ait époufé; foit qu'ennuié de recevoir des coups de pantoufle, il fe foit vengé à la maniere des garçons de Lacédémone.

Diod. Sic. l. 4. n. 9.

Deor. Dial. Jov. Æsc. & Herc.

Diod. loco cit.

Pag. 58, l. 12. *Il me battoit tout le reſte de la journée.* Néocharès (c'eſt le nom du jeune homme) étoit entretenu par cette vieille Dame, ce qui eſt un des cas où, ſelon moi, on peut le moins ſe diſpenſer de battre.

Pag. 59, l. 16. *Parce qu'elle n'avoit pas bû aſſez promptement à ſa ſanté.* Ce ne fut pas cela ſeul qui donna de l'humeur à Eſchine. Un mauvais plaiſant, qui étoit de ce repas, s'étoit aviſé de demander à Cyniſque ſi elle avoit vu *le Loup*. Or *le Loup* étoit le nom d'un jeune homme qui ne déplaiſoit point à la belle; de façon que l'apoſtrophe la fit rougir. Son Amant qui le remarqua, s'en mordit les lévres. Mais l'inſtant

Theocrit. Idyll. 14.

ſtant d'après, voyant qu'elle héſitoit de boire à ſa ſanté, il ſe détermina tout de ſuite à lui donner ſes deux ſoufflets, après quoi elle retrouſſa ſa robe & s'en alla.

Pag. 59, l. 19. *Demoiſelle entretenue, &c.* Les Demoiſelles entretenues, ou à entretenir, étoient dans la Gréce ſur le meilleur ton. La fameuſe Aſpaſie de Milet en peupla la ville d'Athenes. Ce fut pour deux de ces Demoiſelles, enlevées par de jeunes gens de Mégare, que ſe fit la guerre du Péloponeſe. En général leur maiſon étoit le rendez-vous de la meilleure compagnie : les vieillards y jouoient aux Oſſelets, les jeunes gens y cauſoient de Philoſophie, de

Athen. Deipn. l. 13. p. 569.

Ariſtophan. Acharn. Act. 2. Sc. 5.

Athen. Deipn. l. 13.

Vers & d'Amour.

Pag. 59, l. 19. *N'eût pas été mieux traitée de ſon Amant, &c.* Crocale ſoupoit en bonne fortune avec un nommé Gorgus. Il y avoit en tiers une joueuſe d'inſtrumens. Un Militaire de Mégare, qui étoit l'Amant en titre, informé de ce ſouper, vint chez la Demoiſelle, enfonça ſa porte, ſouffleta la joueuſe d'inſtrumens, & lui caſſa ſa flûte. Gorgus fut battu & laiſſé pour mort. La Demoiſelle, comme on l'a dit, évita les coups en s'enfuyant chez une voiſine. Quand on demande à Cochlis la cauſe de tout ce fracas, ſi c'étoit yvreſſe ou folie? Non, répond-elle, ce n'étoit que jalouſie & excès d'amour:

Lucian. Dial. Cochl. & Parth.

ζηλοτυπία τις, καὶ ἔρως ἔκτοπος.

Pag. 60, l. 20. *Mais battre ce qu'on aime, lui déchirer ſa robe, &c.* On peut obſerver dans cet exemple & dans ceux qui ſuivent, que quand un Amant Grec ou Romain battoit ſa Maîtreſſe, il ne manquoit preſque jamais de lui déchirer ſa robe. Cela ſe faiſoit pour l'ordinaire, comme nous le voyons dans Ovide, depuis le collet de la robe juſqu'à la ceinture.

Aut tunicam ſumma deducere turpiter orâ
Ad mediam, mediæ zona tuliſſet opem. Amor. l. 1. El. 7.

Enſuite on frappoit à grands coups de poing ſur la poitrine nûe de la perſonne aimée. C'eſt ainſi que Mopſe bat ſa Maîtreſſe dans la troiſiéme Eclogue de Calpurnius :

> *Protinus ambas*
> *Deduxi tunicas & pectora nuda cecidi.*

On peut tirer de cet uſage une obſervation œconomique ſur les étoffes des Anciens. Quelque ſupériorité qu'ils ayent ſur nous d'ailleurs, il paroît que leurs manufactures étoient inférieures aux nôtres ; au moins je connois peu de nos étoffes qu'on pût déchirer ſi facilement ; c'eſt un plaiſir de moins que nous avons.

Pag. 61, l. 12. *Il eſt étonnant que l'Abbé Gedoyn n'ait pas dit un mot de l'uſage de battre , &c.* Il n'a pas ſeulement parlé de l'uſage de faire carillon dans les rues &

à la porte de sa Maîtresse. Cependant rien n'étoit si commun chez les Anciens. Dans Théocrite un Amant menace de mettre le feu à la maison. Horace écrivant à Lydie qui n'étoit plus ni jeune ni jolie, la plaint entre autres de ce qu'on ne va plus enfoncer ses fenêtres, & qu'on la laisse dormir tranquille. *Idyll. 2.*

Parcius junctas quatiunt fenestras
Ictibus crebris juvenes protervi,
Nec tibi somnos adimunt.

Hor. l. 1. Od. 25.

C'est un plaisir que se donnoient communément les Empereurs Néron, Verus, Commode & Héliogabal, comme on peut le voir dans les Historiens de leurs vies.

Suet. in Neron. *Capitol. in Ver.* *Lamprid. in Commod. & Heliogab.*

Pag. 62, l. 5. *Si Bacchus suf-*

cite entre nous quelques débats, &c. Les Dames Romaines aimoient un peu le vin. Quand elles soupoient tête à tête avec leur Amant, elles se grisoient, & c'étoit alors qu'on se battoit. Cet exemple & le suivant en sont la preuve. Quand Cynthie renversa la table sur Properce, elle étoit grise, *furibunda mero.* Cependant elle buvoit sec :

Lenta bibis nequeunt te frangere noctes.

Et plus bas,

Prop. l. 2. El. 24. *Me miserum! ut multo nihil est mutata Lyæo!*
Jam bibe : formosa es ; nil tibi vina nocent.

Pag. 63, l. 16. *Les jolis vers qu'il écrivit, &c.* Dominique Marius, en expliquant le sujet de ces vers, dit que l'Auteur avoit battu sa Maîtresse, *comme cela se pratique ordinairement*, *ut plerumque fit.* Voilà peut-être le premier Commentateur qui ait eu quelque usage du monde. *In Ovid. amor. l. 1. El. 7.*

Pag. 63, l. 17. *Pour faire sa paix.* Il la fit en payant à sa Maîtresse une robe qu'elle prétendit qu'il lui avoit déchirée. Il ne paroît pas bien convaincu du fait.

Nec puto, nec sensi tunicam laniasse; sed ipsa
Dixerat: & pretio est illa redempta meo. *De art. amand. l. 2.*

Les Dames Romaines trouvoient moyen de tirer de l'argent ou des présens, même des Auteurs. Les Dames Grecques étoient à peu près dans le même cas, si nous en croyons Anacréon. *Anacr. Od. 46.*

Pag. 69, l. 15. *La petite lampe qui brûloit à côté du lit.* Cette lampe s'appelloit cubiculaire; tous les gens voluptueux en avoient. Dans Lucien elle est appellée en témoignage contre un Tyran, qu'elle fait condamner par Rhadamante. Quand Psyché voulut connoître son Amant, ce fut cette même lampe qui brûla Amour, en lui laissant tomber une goutte d'huile sur l'épaule. Surquoi l'Auteur s'écrie : « O „ lampe audacieuse, comment as-„ tu brûlé l'Amour, toi destinée „ à son service, toi qui dois ton „ existence aux desirs de quelque „ Amant, qui vouloit pendant la „ nuit jouir des beautés de sa „ Maîtresse, *scilicet ut cupitis per noctem*

Lucian. Catap. sive Tyran.

Apul. Metam. l. 5.

„*noctem potiretur.* Properce vouloit l'employer suivant l'intention du fondateur :

Dum nos fata sinunt, oculos satiemus amore. Lib. 2. El. 12.

Pag. 69, l. 19. *Elle s'étoit enveloppée dans sa tunique* : Salviani ou Barotti, dans son Commentaire sur *la Secchia rapita*, prétend que les Anciens couchoient sans chemise; c'est, si je ne me trompe, à propos de ce vers :

Chi cambiò la camicia con l'amata. Cant. 1.

L'autre prend la chemise de sa Maîtresse. Si ce sentiment étoit fondé, Cynthie auroit-elle fait tant de façons pour quitter sa chemise ? auroit-il fallu, pour l'y déterminer, des motifs aussi puissans que ceux-ci :

Prop. l. 2. El. 12. *Nec dum inclinatæ prohibent te ludere mammæ ;*
Viderit hoc ſi quam jam peperiſſe pudet.

Dans Apulée, quand l'ombre de Tlépolème apparoît en ſonge à Charite, cette belle veuve ſe reveille en ſurſaut, & de douleur elle déchire ſa chemiſe, Apul. Metam. l. 8. *prolixum ejulat, diſcisſâque interulâ, decora brachia verberat.*

Pag. 69, l. 20. *S'étoit réfugiée ſur le bord du lit.* C'eſt ainſi qu'en uſoient les Dames anciennes quand elles boudoient. Horace, pour ſe venger de Mecène qui lui avoit fait manger de l'ail, ſouhaite que ſa Maîtreſſe en uſe ainſi avec lui :

Horat. l. 5. Od. 3. *At ſi quid unquam tale concupiveris,*
Jocoſe Mecenas, precor

Manum puella suavio opponat tuo.
Extremâ & in spondâ cubet.

Il y avoit encore une autre façon de bouder. Quand deux Amans étoient couchés ensemble, le boudeur ou la boudeuse faisoit un paquet de ses habits, & les mettoit entre deux pour servir de barriere. Dans Lucien, une Maîtresse dit à son Amant : *Si vous m'aimiez, vous ne rempliriez pas avec vos habits l'intervalle qui nous sépare, de crainte que je ne vous touche ;* καὶ τέλος οὐ διετείχιζες τὸ μεταξὺ ἡμῶν τῷ ἱματίῳ, δεδιὼς μὴ ψαύσαιμί σου. *Dial. Meretr. Tryph. & Charm.* Tibulle fait l'imprécation suivante, contre un homme qu'il n'aimoit point :

Rideat assiduis uxor inulta dolis. *Tibull. l. 1. El. 10.*

Et cum furtivo juvenem laſſaverit uſu,
Tecum interpoſitâ languida veſte cubet.

III. Partie. Pag. 71, l. 12. *Siécles barbares, ſiécles mitoyens, ſiécles polis.* Parmi les nations anciennes, qui ſucceſſivement ont peuplé la Terre, la plupart ſe ſont éteintes ſans être ſorties de l'état de barbarie, un petit nombre ont acquis un commencement de politeſſe, mais n'ont pas été plus loin. Quelques-unes enfin ont cultivé avec ſuccès les Lettres, les Sciences & les Arts. Les Grecs & les Romains ont eu ſeuls cet avantage.

Les nations modernes paroiſſent plus heureuſes. L'Italie, la France & l'Angleterre, comptent déja des ſiécles polis; l'Eſpagne aſpire au même titre, & les nations du Nord l'ambitionnent. On peut donc eſpérer qu'un jour, la politeſſe ſera univerſellement répandue dans l'Europe, & que par conſéquent (ce qui eſt bien à déſirer) on n'y verra plus d'Amans qui ne ſoient ou battans ou battus.

Pag. 72, l. 3. *Peut-on, dans les temps de barbarie, ſuppoſer capables d'amour, &c.* Pour en juger on n'a qu'à comparer la férocité des Barbares avec ces délicateſſes de l'amour :

Egone quid velim ?
Cum milite iſto præſens, abſens ut ſies :
Dies noctesque ames me : me deſideres :
Me ſomnies : me expectes : de me cogites :
Me ſperes : me te oblectes : mecum tota ſis :
Meus fac ſis poſtremo animus, quando ego ſum tuus.

Terent. Eunuch. Act. 1, Sc. 2.

Pag. 72, l. 10. *Que par des impreſſions violentes, &c.* La haine & la colère, voilà les impreſſions dont ils étoient capables. On doit les regarder comme ſortant des mains de Promethée :

Horat. l. 1. Od. 16.

Fertur Prometheus addere principi
Limo coactus particulam undique
Deſectam, & inſani leonis
Vim ſtomacho appoſuiſſe noſtro.

Pag. 72, l. 12. *Que le Mariage fût en honneur chez eux, &c.* Le Mariage eſt en honneur chez les Barbares, parce qu'ils ſont pareſſeux & peu galans. *Ce ſeroit pour eux*, dit un Auteur célébre, *une grande incommodité de vivre dans le célibat.* Cette incommodité diminue à meſure qu'une nation ſe polit. Du temps d'Au-

Eſprit des Loix, l. 23. c. 11.

guste les Romains ne vouloient plus se marier. Cette répugnance de leur part fit rendre la Loi, *de maritandis ordinibus*, comme nécessaire, & quelques années après la fit révoquer comme trop rigide. Dio. l. 56. Suet. c. 23.

Gavisa est certè sublatam Cynthia legem,
Quâ quondam edictâ flemus uterque diu,
Ne nos divideret. Prop. l. 3.

Pag. 72, l. 13. *Qu'ils peuplassent même plus qu'on ne fait dans les siécles polis.* Les Barbares peuplent beaucoup. Toutes les émigrations nombreuses dont parle l'Histoire dans les différens siécles, ont été de peuples barbares; toute nation diminue en se polissant. *La maniere de penser*, dit M. de Montesquieu, *le ca-* Esprit des Loix, l. 22, c. 1.

ractère, les paſſions, les caprices; l'idée de conſerver ſa beauté, l'embarras de la groſſeſſe, celui d'une famille trop nombreuſe, troublent la propagation en mille manieres. Ne feroit-il pas vrai auſſi que nous perdons du côté des ſens, à meſure que nous gagnons du côté de l'eſprit? & que, comme l'a dit un Poëte comique:

Deſtouches. Philoſophe marié.

Meſſieurs les grands eſprits, d'ailleurs très-eſtimables,
Ont fort peu de talens pour former leurs ſemblables.

Pag. 73, l. 9. *En général les Barbares étoient fidèles à leurs Femmes.* Et les Femmes à leurs maris. Cependant on trouve ſur cela dans Hérodote une exception ſinguliere. Voici ſes termes:

« Les peuples qui confinent les „ Maces sont les Gindames ; „ dont les femmes, à ce qu'on „ dit, portent sur leurs habits „ autant de bandes de cuir qu'el- „ les ont vû d'hommes ; & cel- „ les qui en portent un plus grand „ nombre sont estimées les plus „ illustres, comme ayant eu un „ plus grand nombre d'Amans. „ Aux bandes de cuir près, cet usage est digne des siécles les plus polis.

Herodot. l. 4.

Pag. 73, l. 19. *L'instant qui la portoit à sa perfection la terminoit.* Dans les premieres Epoques de toutes les nations, rien n'est si court qu'une aventure galante ; l'instant fait naître le desir, & la violence le satisfait.

L'histoire de ce qu'on appelle les temps héroïques de la Gréce, n'est qu'un tissu d'exemples de cette nature. Une Princesse violée par un inconnu, une Ville peuplée par l'enlevement des Sabines, la Royauté abolie à cause du viol de Lucréce : voilà le débur de l'histoire Romaine. Toutes les nations modernes ont commencé à peu près de la même maniere, on peut juger de leurs mœurs par leurs premieres loix. *

Halycarn. l. 1. c. 69

* Pour donner une idée de ces Loix, j'en vais rapporter deux Titres, l'un de la Loi des Allemands, l'autre de la Loi Salique.

Lex Alleman. Tit. 58.

„ Si un Homme rencontre une Dame sur un grand chemin, & qu'il la décoëffe, il payera, 6 f.

Pag. 75, l. 14. *C'étoit donc leurs Femmes, &c.* Tous les Barbares battent leurs Femmes. Les Moſcovites battoient les leurs avant que le Czar Pierre I. les *J. Struys. 3. Voyag. c. 5.*

„ S'il lui léve la jupe juſqu'au deſſus du
„ genouil, 6 ſ.

„ S'il la trouſſe juſqu'à la ceinture, ſoit
„ par devant, ſoit par derriere : *ut genita-*
„ *lia ejus appareant aut poſteriora*, 12 ſ.

„ Que s'il la viole, 40 ſ.

Les François s'y prenoient plus poliment, ils annonçoient dès-lors le caractère de galanterie qui les diſtingue.

„ Si un Homme prend la main, ou ſeu- *Lex Salic. Tit. 22.*
„ lement le doigt d'une Femme, il paye-
„ ra, 15 ſ.

„ S'il lui prend le bras, 30 ſ.

„ S'il va plus haut que le coude, 35 ſ.

„ S'il lui met la main ſur la gorge, 45 ſ.

„ Que s'il viole ſur le grand chemin,
„ une fiancée qu'on mene à ſon mari; *Ibid. Tit. 14. n. 10.*
„ *Si puellam quæ druchte ducitur ad mari-*
„ *tum, in viâ adſalierit, &c.* il payera, 200 ſ.

eût civiliſés. Parmi nous, les gens de la Campagne & du Peuple en font encore autant, & leurs Femmes en ſont ravies : c'eſt ce qui fait qu'au Théâtre on applaudit toujours à ce diſcours de Marine : *il me plaît d'être battue.*

Med. malg. lui Act. 1. Sc. 2.

Pag. 75, l. 15. *Ce qui eſt une groſſiéreté.* Les Babyloniens ont connu ce principe. Chez eux on aſſembloit dans la place toutes les filles nubiles, & le Crieur public les y mettoit à l'encan ; les jolies s'adjugeoient au plus offrant, pour les épouſer, les laides étoient données au rabais ; mais dans l'un & dans l'autre cas, il étoit défendu à leurs maris de les battre.

Herodot. l. 1.

Pag. 77, l. 8. *C'est ainsi que Petrarque aima la belle Laure.* Le plaisir de la voir suffisoit à Pétrarque ; il ne désiroit, & ne croyoit pas qu'il lui fut permis de désirer autre chose. Elle étoit pour lui une Divinité dont ses regards ne pouvoient soutenir l'éclat, & que tout son esprit n'étoit pas capable de peindre. Par respect pour elle, il avoit résolu de ne lui déclarer son amour que quand elle auroit *des cheveux blancs* ; mais environ dix ou douze ans après ayant trouvé un moment favorable, il osa, quoiqu'en tremblant, lui découvrir l'état de son cœur :

Rime di Petr. part. I. Sonett. 157.

Sonett. 16. & 17.

Sonett. 10.

Le dissi'l ver, pien di paura.

Canzon. I. St. 4.

Laure en fut d'abord offensée, &

lui dit qu'il la prenoit pour une autre :

Ibid. St. 5. *i non ſon forſe chi tu credi.*

Cependant elle s'appaiſa, & ſon Amant obtint la permiſſion de l'adorer.

Sonett. 46. Petrarque toujours tendre, toujours reſpectueux, toujours ſe plaignant, & toujours béniſſant ſon malheur, employa trente-un ans de ſa vie à aimer la belle Laure ; ſçavoir, vingt-un ans du vivant de cette belle, & encore dix années après ſa mort :

Part. 2. Sonett. 85.

Tenemmi amore anni vintuno ardendo
Lieto nel foco, e nel duol pien di ſpeme :
Poiche Madonna, e'l mio cor inſieme
Saliro al Ciel, dieci altri anni piangendo.

Pag. 77, l. 10. *C'eſt ainſi qu'aimoient nos ancêtres, &c.* Ils ne prêchoient aux Femmes que l'honneur & la vertu. Que ſi quelque Dame, un peu plus philoſophe que les autres, accordoit à ſon Amant ce qui eſt l'objet du véritable amour, elle étoit perdue de réputation; on mettoit ſur la porte de ſon Château des marques infamantes pour empêcher les loyaux Chevaliers de s'y arrêter. Si elle ſe trouvoit dans quelque aſſemblée avec d'autres Dames, on leur faiſoit tous les honneurs à ſon préjudice; on venoit lui dire: *Madame, ſi nous faiſons paſſer avant vous ces Dames, quoique moins nobles ou moins riches, n'en ſoyez point ſurpriſe, elles ſont bien famées & vous ne l'êtes pas; nous en*

Mem. de l'Acad. des B. L. t. 20. Mem. 2. ſur la Cheval. p. 621.

Note 43. ſur le 2. Mem. p. 733.

ſommes bien fâchés, mais il faut rendre l'honneur à qui il eſt dû.

Ce fanatiſme fut porté encore plus loin, il ſe forma dans le Poitou une Confrairie de Pénitens d'amour. Ils y étoient connus ſous le nom de Galois & de Galoiſes. L'objet de leur inſtitut étoit de ſe prouver leur tendreſſe, en ſouffrant toute la rigueur des ſaiſons. En été ils étoient vêtus chaudement, & faiſoient grand feu; en hyver ils alloient tout nuds, & ne ſe chauffoient point. Quand un Galois alloit chez quelqu'un de ſes Confreres, le Maître de la maiſon le laiſſoit avec ſa Femme, & ne rentroit point que le Galois étranger ne fût ſorti. Pendant ſon abſence les

Note 15. ſur le 5. Mem. pag. 824.

deux

deux Amans cauſoient de leurs amourettes, ſe mocquoient des gens qui cherchoient le frais en été, ou qui ſe chauffoient en hyver; & quelquefois ils finiſſoient par mourir de froid à côté l'un de l'autre. Cette Confrairie dura longtemps, mais à la fin il vint un grand hyver qui les fit tous mourir.

Pag. 77, l. 12. *C'eſt ainſi qu'on aimoit encore en Angleterre, &c.* L'Hiſtorien de Thou nous cite, entre autres, l'exemple de la Reine Eliſabeth, qui n'étant plus ni jeune ni jolie, vouloit qu'on fût amoureux d'elle, mais ſans intérêt, & d'un amour détaché des ſens. Des perſonnes mal intentionnées, à ce que dit Rapin

Thuan. hiſt. l. 129. ad ann. 1603.

Thoyr. l. 17. ann. 1603. Thoyras, ne croyoient point à ce pur amour ; on diſoit même que la Reine avoit eu une Fille du Comte de Leiceſter. Ce reproche tombe de lui-même, puiſqu'elle vouloit qu'on mît ſur ſa tombe cette Epitaphe : *Ci gît Eliſabeth, qui regna Vierge, & qui mourut Vierge ; hic ſita Eliſabetha, quæ Virgo regnavit, Virgo obiit.* *Camd. ad ann. 1559.*

Comme j'ai dit que ce pur amour n'avoit eu lieu que dans les ſiécles mitoyens, on pourroit m'objecter que Platon l'a beaucoup vanté dans un ſiécle poli. Je repons à cela : 1° que l'Amour de Platon & ſa Republique ſont dans le même cas, c'eſt-à-dire qu'il les a propoſés, non *In Sympos. & alib.*

comme des choſes exiſtantes, mais comme des ſyſtêmes. 2° Que lui-même n'avoit pas foi à ſon ſyſtême ſur l'amour, puiſqu'il étoit amoureux d'une vieille courtiſane de Colophon nommée Archianaſſe, dont les rides, diſoit-il, étoient à ſes yeux le ſejour des Amours. On peut voir dans Diogéne Laërce, les vers qu'il fit pour elle, & encore ceux-ci qui ne ſentent point le pur amour.

Laert. in Plat.

Τῷ μήλῳ βάλλω σε· σὺ δ' εἰ μὲν ἑκοῦσα φιλεῖς με,
Δεξαμένη, τῆς σῆς παρθενίης μετάδος.

Pag. 79, l. 12. *Le cœur & les ſens voila les deux principes qu'on reconnut à l'Amour.* Chez les Anciens l'objet des ſens étoit toujours clair. Quand Stryangée déclare

Mem de l'Acad. des B. L. t. 2. p. 77. ſon amour à la Reine Zarine, elle entend tout de ſuite qu'il voudroit coucher avec elle; & elle lui repond poliment qu'elle ne peut pas avoir pour lui cette complaiſance, parce qu'elle s'eſt toujours piquée d'être une femme extraordinaire. Ce qui met *Sapph. apud Ephæſtion.* Sappho au déſeſpoir, c'eſt qu'elle couche ſeule: ἐγὼ μόνα καθεύδω. *Trachin. v. 556.* Dans Sophocle, la grande inquiétude de Déjanire eſt qu'Hercule ne ſoit plus ſon mari qu'*ad honores*, tandis qu'il le ſera réellement de la jeune Eſclave dont elle eſt jalouſe. Dans l'Amphitrion de Plaute, Jupiter en quittant Alcmene lui parle en ces termes: *vous devez être contente puiſqu'aucune femme ne m'eſt auſſi chere que vous.* Et Alcméne lui repond : *J'aimerois mieux l'éprouver que de me l'entendre dire ; vous n'avez pas encore eu le temps d'échauffer votre place dans mon lit, & vous vous en allez !*

Experiri iſtuc mavellem me quam mî memorarier.
Prius abis quam lectûs, ubi cubuiſti, concaluit locus.
Here, veniſti mediâ noctè, nunc abis, &c.

Amphitruo. Act. 1. Sc. 3.

Un des premiers ſentimens que l'amour inſpire à Properce, c'eſt de déteſter la chaſteté des femmes.

Donec me docuit caſtas odiſſe puellas.

Prop. lib. 1. El. 1.

Quand Ovide, Catulle, Tibulle, Properce & tous les Auteurs galans de l'ancienne Rome ſont furieux contre leur

Maîtresse, c'est parce qu'un autre couche avec elle, & qu'eux mêmes n'y couchent pas. * Dans

* Malgré leur jalousie, ils prêtoient assez communément leur Maîtresse. Alcibiade prêta la sienne à son ami Axiochus durant leur navigation sur l'Hellespont. Lorsque Catulle commença à se faire connoître, Manlius lui fit présent d'une maison, & lui prêta sa Maîtresse.

Athen. Deipn. lib. 13.

Catull. Ep. 63. ad Manlium.

Ad quam communes exerceremus amores

dit l'Auteur. Plutarque n'approuve pas qu'on prête ni sa femme ni sa Maîtresse. Cependant Properce qui étoit jaloux à la fureur fut sur le point de prêter Cynthie à Gallus; & peut-être la lui prêta-t-il; ce que nous sçavons avec certitude, c'est qu'il ne fut point scandalisé de la proposition, & qu'il ne se défendit d'y avoir égard que par l'intérêt même de Gallus. Cynthie, lui dit-il, n'est point une Maîtresse ordinaire. Tu ne sçais pas ce que c'est que d'être aimé d'elle. Elle te rendra la vie aussi dure qu'à moi, elle te mettra à la porte, elle te battra.

Plut. Erotic. p. 759. & 760.

Prop. lib. 1. El. 5.

notre maniere de concevoir l'amour, l'objet des ſens eſt plus enveloppé, mais il n'y eſt pas moins réel. *Toute femme*, dit un Auteur moderne, *entend qu'on la deſire quand on lui dit, Je vous aime, & ne vous ſçait bon gré du, Je vous aime, que parce qu'il ſignifie, Je vous deſire.* Auſſi dans un Poëme que l'Auteur n'a point encore rendu public, Agnès Sorel s'exprime-t-elle comme Sapho :

Cabinet du Phil. F. 1.

La Pucelle.

Toute la nuit il faudra donc m'étendre,
Sans mon amant, ſeule au milieu d'un lit.

Pag. 80, l. 1. *C'eſt alors qu'on commence à battre.* Héſiode s'en étoit douté. Voilà pourquoi, dans ſa Théogonie, il fit naître Jumeaux le plaiſir des ſens & la diſpute opiniâtre, φιλότητα καὶ Ἔριν καρτερόθυμον.

Theogon. v. 224.

Pag. 80, l. 13. *Car ſi l'on débutoit avec une femme par la battre, &c.* Il y a des gens qui prétendent que cela leur eſt arrivé, & avec ſuccès. J'avoue que le ſuccès m'étonne. J'en ai pourtant trouvé un exemple dans l'antiquité. Cherea ſe trouvant pour la premiere fois avec la jeune Pamphile, lui déclare ſon amour, la viole & la bat:

Terent. Eunuch. Act. 4. Sc. 3.

> *Poſtquam ludificatu' eſt virginem*
> *Veſtem omnem miſeræ diſcidit : eam ipſam capillo conſcidit.*

Mais la circonſtance l'exigeoit. Introduit chez cette belle ſous l'habillement d'un Eunuque, il étoit à craindre qu'on ne le reconnût; comme il vouloit lui donner toutes les preuves d'a-

mour

mour poſſibles, il n'y avoit pas un moment à perdre. Voilà ce qui le détermina à la battre. Dans un cas ordinaire je n'approuverois pas ce procédé: il faut obſerver les gradations.

Il n'y a plus rien dans ma Diſſertation qui ait beſoin d'éclairciſſement ou de preuve. J'en ai dit aſſez pour déterminer l'amant le plus timide à battre ſa Maîtreſſe; & pour tranquilliſer celui qui, la battant par amour, ſe le reprochoit par défaut de lumieres. J'ai donc rempli mon objet.

Nil præter promiſſum eſt. Ite hac. Vos valete & plaudite. Terent. Eunuch.

TABLE DES MATIERES

LES PLUS IMPORTANTES,

Contenues dans les deux Volumes.

La lettre A *indique le premier Volume, la lettre* B *indique le second, & le chiffre Arabe désigne la page.*

A

C

D.

E.

H.

I

L.

M

N

O

V

Z

Fin de la Table de Matieres.

ERRATA.

Des circonstances, dont il est inutile d'informer le Public, ayant obligé de précipiter l'impression de cet Ouvrage, on n'a pas pu le rendre aussi correct qu'on l'auroit désiré. Il est échappé beaucoup de fautes, tant dans les Notes marginales, que dans les passages Grecs & Latins. Le Lecteur érudit voudra bien y suppléer. En voici quelques-unes, dans le François, qui pourroient altérer le sens.

TOME I.

Pag. 29. *quele*, lis. *qu'ele.*
Pag. 44. *Doctine*, lis. *Doctrine.*
Pag. 99. *autre*, lis. *Antre.*
Pag. 116. dans la note, *Reine*, lis. *Royne.*

TOME II.

Pag. 5. *Caën*, lisez, *Caïn.*
Pag. 80. *les transports*, lis. *ses transports.*

Pag. 95. *cet homme-là mort*, lis. *cet homme-là est mort.*

Le reste est aisé à corriger.